中公新書 1959

木村 幹著

韓国現代史

大統領たちの栄光と蹉跌

中央公論新社刊

はじめに

植民地支配から解放された後の韓国現代史。そこにおけるもっとも顕著な特徴の一つは、個性豊かな大統領たちが存在し、各々の時代の政治が彼らを中心に展開されたことであろう。韓国の独立や経済発展、そして民主化という大きな時代的課題を前に、彼らは時に対立し、また、時に微妙な協調関係を保ちながら、今日の韓国社会をつくり上げてきた。

それでは、このような韓国現代史で重要な役割を果たした歴代の大統領たちとはどのような人びとであり、また、彼らは波瀾に満ちた韓国現代史をどのように生きたのだろうか。言うまでもなく、歴代の大統領たちには、その地位に登りつめるまでのそれぞれの長い過程があり、そのなかで彼らはさまざまなことを経験した。そのことは、我々がこのような彼らの「成長の過程」をたどることで、韓国現代史を追確認できることを意味している。

本書は、このような観点から、韓国の歴代大統領の「目」を通じて、韓国現代史を描き出すことを目的としている。

一九四八年から二〇〇八年まで、大統領に就任した人物は、ちょうど一〇人。本書では、そのなかから、重要性とその生涯の異質性を勘案して、七人を選び出し、時代ごとに記述した。

李承晩《イ・スンマン》は独立運動に従事した「建国の父」であり、尹潽善《ユン・ボソン》は日本統治期の大資産家から大統領の地位にまで登りつめた人物である。朴正熙《パク・チョンヒ》が軍事クーデタで政権を奪取し、韓国を経済発展に導いた人物であること、そして金泳三《キム・ヨンサム》、金大中《キム・デジュン》が韓国の民主化で多大な役割を果たしたことは、いまさら言うまでもない。二一世紀の大統領である、盧武鉉《ノ・ムヒョン》と李明博《イ・ミョンバク》は、それぞれ弁護士と財閥企業経営人という、それまでの歴代大統領とはまったく異なる経歴の持ち主である。彼らの生まれた時代や経歴の違いは、我々に、それぞれの時代に、それぞれに異なる「生」があったことを教えてくれる。

彼らはこの韓国現代史で何を見、何を経験したのだろうか。そして、彼らの生涯は、我々に一体何を教えてくれるのであろうか。彼らの「目」を通じて、韓国現代史を見ていくこととしよう。

韓国現代史 ☆ 目次

大韓民国

平壌
朝鮮民主主義人民共和国
休戦ライン
麟蹄
板門店
議政府
春川
北緯38度線
江華島
ソウル
江原道
鬱陵島
仁川
京畿道
利川
水原
忠清北道
牙山
聞慶
清州
忠清南道
大田
慶尚北道
大韓民国
亀尾
浦項
大邱
慶州
全州
全羅北道
蔚山
慶尚南道
昌原
馬山
光州
釜山
対馬海峡
全羅南道
外浦
木浦
荷衣島
麗水
巨済島
珍島
朝鮮海峡
対馬
巨文島
済州道
済州
日本

韓国現代史

大統領たちの栄光と蹉跌

◇原典が日本語のもの、及び公式の日本語版があるもの（主要参考文献参照）については、引用は原則として日本語文献から行い、ページ数も日本語文献のものを示した。これ以外のものについては、筆者が韓国語を日本語に訳出し、原典のページ数をそのまま示した。

◇日本語文献の引用文中、カタカナはひらがなに、旧字は新字に、旧かな遣いは新かな遣いに改め、適宜句読点を補うなどしたところがある。

◇文中には一部、現在の視点からは不適切な表現もあるが、当時の事実を伝えるためそのまま使用した。

◇人名の敬称は略した。

序章　それぞれの「暑い夏」

朕《ちん》深く、世界の大勢と帝国の現状とに鑑《かんが》み、非常の措置をもって、時局を収拾せんと欲し、茲《ここ》に忠良なる爾《なんじ》臣民に告ぐ、朕は帝国政府をして、米英支蘇四国に対し、其の共同宣言を受諾する旨、通告せしめたり……

人びとがラジオを通じて流れてくる、昭和天皇による「終戦の詔勅」を、半ば呆然とした思いで聴いていたそのとき、朝鮮半島の多くの人びともまた、この放送を耳にしていた。東京から発せられた電波は、いまのソウルにあった中央放送局で中継され、朝鮮半島全土で聴くことができたのである。

日系企業で迎えた八月一五日――金大中

それでは、韓国の歴代大統領たちは終戦の詔勅をどのように聞き、また、朝鮮半島の日本からの解放の日をどのように迎えたのだろうか。

この点について、一九九八年から五年間、韓国の大統領を務めた金大中《キム・デジュン》は、次のように回顧する。

> 一二時の天皇の放送は、直接ラジオの前で聞きました。放送については事前に通達がありましたので、朝から待っていました。しかし、日本が降伏したことを知らせる放送だとはまったく考えてもいませんでした。戦争に対する新たなる決意を表し、国民のさらなる団結を呼びかけるのだろう、と思っていたのです。
>
> その放送を聞くうちに「日本が降伏したのだ」とわかって、反射的に「万歳」と叫んだのを覚えています。あの感激は今でも忘れることができません。
>
> （金大中『わたしの自叙伝』五六～五七頁）

もっとも、当時の金大中が置かれていた立場は、この回顧から連想されるほど単純なものではなかった。

金大中は、一九二四年一月六日生まれ。戸籍上では、一九二五年一二月三日とされているが、この「誤り」には理由があった。日本統治下の朝鮮半島の戸籍制度には不備が多く、金大中はこれを利用して、自らの徴兵を逃れようとしたのである。彼は「戸籍の誤りを訂正する」ことを名目として、両親と計画して、戸籍上の誕生日を一年一ヵ月ずらした、と述べている（以下、本書では同様の場合、年齢は戸籍上のものではなく、実質上のものをもって表記する）。

だとすると金大中は、「終戦の詔勅」当時二一歳。彼は、朝鮮半島の西南端の港湾都市、木浦《モクポ》から、さらに離れた荷衣島《ハイド》という離島で、父・金雲植《キム・ウンシク》、母・張守錦《ジャン・スグム》の次男として生まれた。父はこの島の村の一つ後広里《フグウァンリ》の里長［里は朝鮮半島郡部の最末端行政単位。里長はその代表］だったというから、島の有数の有力者の一人だったことになる。金大中の幼い頃には、島にはまだ公式の学校はなく、彼が最初に受けた教育は、朝鮮半島における伝統的な「書堂」での漢学教育だった。のちに金大中は、この書堂で「最優等」に選ばれたことを誇らしげに語っている。

解放直後（1945年８月15日）

荷衣島に四年制の「簡易普通学校」ができたのは、金大中が八歳のとき。当時の朝鮮半島には、初等教育期間として、「小学校」と「普通学校」の二種類があった。小学校とは、「国語を常用する者」、すなわち、日本人の通う学校であり、これに対して普通学校は、「国語を常用しない者」、つまり朝鮮人を対象とするものだった。同様の区別は中等教育まで存在し、両者は厳然と隔離されていた。

金大中が通った「簡易普通学校」とは、本来六年制であるべき普通学校を、便宜的に四年制に短縮して設けられた、文字通りの「簡易」初等教育機関だった。金大中が普通学校に進学した一九三〇年代の段階でも、朝鮮総督府は、「一面一校」つまり、村一つに普通学校一つをつくるべく増設計画を進めている段階であり、内地のように義務教育は実施されていなかった。金大中が通った簡易普通学校は、日本人校長一名の下に、朝鮮人教員一名がいるだけの文字通り「簡易」的なものに過ぎなかった。

書堂で教育を開始していた金大中は、その学力に照らして簡易普通学校の二年生に編入された。しかし、金大中はそこでの教育には満足しておらず、さらに上の学校に進学することを希望した。金大中の周辺にも、彼の将来の才能を認める人びとが多くおり、彼らは当たり前のように金大中に日本への留学を勧めた。金大中自身もそれを強く望んでいた、という。

しかし、金大中の両親は、彼が日本へ渡ることを許さなかった。代わりに両親は、四年制の簡易普通学校を終えた彼を、六年制の木浦の第一普通学校の五年次に編入学させることを選択した。当時の木浦は、朝鮮半島の穀倉である全羅道《チョルラド》から内地への米の輸出港として栄えていた。彼の両親は、金大中の進学のために島の財産を処分して木浦に渡った。彼らは、港にほど近いところに旅館を買い、その営業資金をもって生活費に代えた。

金大中が、木浦第一普通学校に在学した時期は、ちょうど日中戦争が勃発し、日本が総力戦体制へと入って行く頃に当たる。事実、木浦第一普通学校でも、金大中の五年生時には学校での朝鮮語授業が廃止され、生徒は週に一回神社へ参拝することを要求された。もっとも、金大中自身は、こうした状況の変化に柔軟だった。彼は、神社参拝について「それほどの反発もありませんでした。周囲もそんな雰囲気ではありませんでした」と回想する。とはいえ「朝鮮語の授業がなくなったことには、本当に残念な思いがしました」とも述べているから、彼が日本統治に何の反発も感じていなかったというのも嘘になる。

木浦第一普通学校を首席で卒業した金大中は、やはり同じ木浦にある木浦商業学校に進学した。入学試験の成績はやはり首席。一九三九年のことである。木浦商業学校は五年制の中等教育機関。入学生は一六四名で、日本人と朝鮮人の数はちょうど半数ずつだったという。悪名高い創氏改名が行われたのは、彼が木浦商業学校在籍中の一九四〇年、金大中は豊田大中と改名した。当時の状況について金大中は、露骨に日本と協力する「親日派」に反感を持ちつつも、太平洋戦争開戦直後、快進撃を続ける日本軍の消息を聞き、「日本人は偉いんだなぁ」、「日本軍が勝てばわれわれにも何かいいことがあるのではないか」と思った、と語っている。

しかし、戦局の悪化は金大中の人生にも暗い影を投げかけた。木浦商業学校入学直後の数年間は、首席の地位を守り通した金大中だったが、その成績は四年生頃から急降下した。当初は大学への進学を考えて勉強していた金大中であるが、戦局の悪化を見て、やがて自らも徴兵されると考え、勉学に力が入らなくなったのである。実際、金大中が考えた通り、一九四四年、朝鮮半島でも徴兵制度が実施される。同時に、この頃から金大中は、思想的に「警戒を要す」る生徒としても見られるようになっている。

結局、金大中らは戦局の悪化にともない、一九四三年九月、この学校を半年間繰り上げて卒業させられた。卒業後の彼は日本人が経営する海運会社に就職した。金大中は、一九四五年春には徴兵検査を受け、この春に最初の妻、車容愛《チャ・ヨンエ》と結婚している。木浦でもまもなく空襲疎開がはじまり、金大中は、自身にまもなく徴兵通知が来ることを予感していた。

金大中の八月一五日は、そのようななか、突然、訪れた。

故郷で迎えた八月一五日——金泳三

金泳三《キム・ヨンサム》は「終戦の詔勅《く》」を実家で聞いた。金泳三の実家があったのは、慶尚南道巨済郡長木面外浦里。奇しくも金泳三もまた、金大中と同じく離島の生まれだった。もっとも金大中が生まれた小さな荷衣島に比べれば、金泳三が生まれた巨済島《コジェド》は、韓国第二の大きさの漁場にも恵まれた豊かな島だった。

金泳三の実家は、祖父の金東玉《キム・ドンオク》以来続く、外浦里最大の網元であり、島有数の資産家だった。いまでも島に残る、白壁、瓦葺の家が彼の生まれた家である。付近の都市から村への陸路はきわめて悪く、実に一九八一年にいたるまでこの村には道路らしい道路さえ通っていなかった。もっとも、そのことはこの村が周囲から孤立していたことを意味しなかった。住民の多くは船を有しており、村は海路を通じて、周囲と結ばれていた。金泳三は、「海は自らの教師である」とも記している。

　金泳三は一九二八年一二月二〇日生まれ。金大中同様、金泳三の場合も、その生年月日は、戸籍に記載されたものとは異なっている。金泳三は父・金洪祚《キム・ホンジョ》と母・朴富連《パク・プヨン》の間に生まれた長男。しかし、金泳三が生まれた当時、金洪祚は未だ法律に定められた結婚年齢に達しておらず、つじつまを合わせるために、泳三の生年月日を一年遅い一九二九年一二月二〇日と届けたのだという。

　金泳三は五歳のとき、近所の書堂で最初の教育を受け、七歳からは外浦里にあった簡易普通学校に入学した。二年間この学校で学んだ金泳三は、長木普通学校に編入した。金大中同様、簡易普通学校における四年間の就学だけでは、上級学校への進学が不可能だったためである。

　優等生の金大中と異なり、金泳三の成績はパッとしなかった。もっとも、家を挙げて木浦に移住した金大中の場合とは異なり、金泳三は当初、実家から片道一〇キロも離れた長木まで、毎日歩いて通っていたというから、その点については若干割り引いて考えなければならない。金泳三の成績の悪さを気にした父親は、普通学校四年次の途中から学校のある長木に彼を下宿させた。とはいえ、その後も金泳三の成績は大して改善されなかったようである。

さて、金泳三が普通学校を卒業したのは、一九四三年三月二五日。彼は父親の知り合いがいた釜山《プサン》の東萊《ドンネ》中学校を受験したが失敗、一年間を長木普通学校の高等科で過ごした後、翌年、巨済島に近い統営中学校に入学した。太平洋戦争も終盤に差しかかった一九四四年四月のことである。愛嬌があり、腕っ節も強い金泳三は、人気のある学生だった、と言われている。

それにしても、統営の中学校に通っていたはずの金泳三は、どうして八月一五日を実家で迎えることになったのだろうか。彼は中学校を停学になり、仕方なしに、実家へ帰ることを余儀なくされていたのである。この停学の理由について、金泳三の回想は一貫していない。彼はある自伝では、「朝鮮人を差別する校長」が、他校へ転任するに当たり悪戯をしたからだといい、また、他の自伝では、学徒報国隊として動員された先の「日本人班長」をこてんぱんにやっつけた結果、停学になったのだと記している。

金泳三も自身記しているように、仮に日本統治が続いていたならば、このような彼が中学生活を続けることは困難だったかもしれない。その意味で、仮に金大中にとって「終戦の詔勅」が、「徴兵からの解放」だったとするならば、金泳三にとってそれは「停学からの解放」を意味していた。深刻さの度合いこそ異なれ、「終戦の詔勅」が運命の転換点にあった彼らの将来を、大きく変えたことに違いはない。

「名望家」ゆえの苦悩――尹潽善

金大中や金泳三が文字通り朝鮮半島の片隅で、小さな生涯の大きな分かれ道に立っている頃、朝鮮総督府からもほど近い京城府中心部の広大な邸宅で過ごす人物がいた。彼の名は尹潽善《ユン・ボソン》。のちに、李承晩《イ・スンマン》に続く、韓国の大統領となる人物である。尹潽善は朝鮮半島における有数の資産家だった。尹潽善は、自らの自伝で解放の日について、何も記していない。おそらく、当時の尹潽善とその一族が置かれた複雑な政治的立場があったからだろう。

尹潽善は一八九七年八月二六日、日本統治以前の忠清道牙山郡屯浦面新項里で、父・尹致昭《ユン・チソ》、母・李範淑《イ・ボムスク》の子として生まれた。今日でもソウルから車で三時間以上かかる山間部に、彼の生家はある。尹潽善の一族が、朝鮮半島有数の資産家に浮上した歴史はさほど古くない。尹潽善の祖父・尹英烈《ユン・ヨンヨル》は、彼が生まれるわずか一ヵ月あまり前に、伊藤博文により帝位を追われた大韓帝国皇帝、高宗《コジョン》の側近であり、その兄・尹雄烈《ユン・ウンヨル》とともに、一九世紀後半を代表する開化派［韓国併合以前の朝鮮半島で積極的な近代化を主張した人びと］の流れを汲む軍人として活躍した人物だった。当時、朝鮮半島の政治的有力者の多くがそうだったように、尹雄烈と尹英烈の兄弟は、皇帝の信任を利用して、急速に自らの富を拡大していった。こうして自らの経済的基盤を確立した彼らは、日本統治下でも、その資産維持に成功し、朝鮮半島指折りの有力者として君臨した。

もっとも、「植民地下における資産家」という一族の立場は容易なものではなかった。なぜなら、彼らは、「朝鮮半島の資産家」として、各種朝鮮人社会団体の活動を支援する義務を負う一方で、一族の富を守るためにも「日本統治下の資産家」として、朝鮮総督府との関係を取り持つ必要があったからである。社会運動に関与する「民族運動家」にして日本の植民地支配に協力する「親日派」。当時の朝鮮半島で、両者は決して分離した存在ではなかったのである。

尹潽善は、この困難な日本統治期を豊富な財産に守られて自由奔放に生きた。一九〇三年、未だ「漢城府」と呼ばれていた当時のソウルで数えるほどしかなかった近代的な初等教育機関の一つ、校洞普通学校に入学した尹潽善は、四年制のこの学校を一九〇七年に卒業した。尹潽善は次いで、韓国併合直前の一九一〇年四月に、日本人子弟のための初等教育機関として設置された京城日之出小学校の五年次に、特別に編入学を許された。尹潽善は、一九一二年にこの小学校を卒業すると、翌年には日本に渡り、東京の正則予備学校に入学した。しかし、日本での生活は彼の性に合わず、すぐに朝鮮半島へ戻っている。尹潽善は、自分が一九一一年に勃発した辛亥革命に憧れ、中国行きを希望していたことを帰国の理由として挙げている。

それから数年を無為に過ごした彼は、一九一七年、ようやく夢見ていた中国行きの好機を得る。上海に到着した尹潽善は一九一九年、三一運動の直後に樹立された、韓国人亡命政府、大韓民国臨時政府の設立にも携わった。この大韓民国臨時政府の初代大統領だった李承晩が、若き名望家の子弟、尹潽善に目をつけて、朝鮮半島内からの資金調達を要請した、という逸話があるが、それはこの頃のことである。この功績もあったのか、尹潽善は二二歳にして、最年少で亡命政府の国会議員に当たる大韓民国臨時政府議政院議員に選ばれている。

しかし、尹潽善は中国での生活にも満足しなかった。列強の無関心と運動の不振により混乱する大韓民国臨時政府に嫌気がさした彼は、やがて一転して欧米への留学を志す。留学先はイギリスのエディンバラ大学、専攻は民族運動とは程遠い、「考古学」だった。一九三〇年に、修士号を取得した彼はその後も欧州遍歴を続けたものの、スポンサーである父親の方針により、一九三二年に朝鮮半島へ帰国する。帰国後の彼は目立った活躍もなく、ソウル市内にいまも残る広大な邸宅にとどまり続けた。そこには有閑階級の無為な暮らしが存在した。

尹潽善　イギリス留学期

このような「温室」育ちの尹潽善にとって重大

だったのは、日本敗戦直前の一九四四年、自らの庇護者であった、父・尹致昭が七三歳で世を去ったことだった。こうして、一九四五年八月一五日までに、尹潽善は、いつしかこの朝鮮半島有数の資産家一族の族長へと押し上げられた。朝鮮半島有数の資産家にして、イギリス留学経験を持つ四八歳の尹潽善。しかし、同時に彼は日本統治下で汚れ役を務めてきた父の影に隠れ、本格的な社会経験を積んだことのない人物だった。そのような彼がいかにして、解放後の政局を生き抜くか。尹潽善には大きな課題が与えられていた。

亡命政治家として迎えた解放の日――李承晩

朝鮮半島出身の人びとのなかには、昭和天皇の「終戦の詔勅」を耳にすることができない人びともいた。その典型は、朝鮮半島外の居住者たちである。

そのような一人に韓国を代表する亡命政治家、李承晩がいた。李承晩はこのときすでに七〇歳。この老民族運動家は、日本降伏の報を、「終戦の詔勅」によってではなく、アメリカのラジオ放送の臨時ニュースによって知った。場所は、ワシントンのマウントプレゼントにあった二階建レンガ作りの建物であった。日時は、アメリカ東海岸時間で一九四五年八月一四日、午後一一時。そのときの李承晩の様子を、オーストリア出身の妻、フランチェスカは次のように回想する。

主人は臨時ニュースを聞くや否や起き上がりました。「聞いたか日本が降伏したんだぞ。早く帰国しなければ」。主人は私の手を握って、それから声にならないようでした。主人は本当にこの日を長い間待ち望んでいました。主人は涙を流しながら、私の手をしっかりと握っていました。私も喜びながらも、興奮のあまり主人の気が狂ってしまうのではないかと心配したほどでした。

（『李承晩　九〇年』上、二〇二頁）

李承晩が、ワシントンにいたのには理由があった。一九四五年六月二四日、アメリカ西海岸のサンフランシスコでは、第二次世界大戦後の平和構築を見据えて国際連合憲章の調印のための国際会議が開催された。李承晩は、この会議に「大韓民国臨時政府」代表として参加すべく、サンフランシスコまで足を運んだ。しかし、連合国の反応は冷淡だった。李承晩は「大韓民国臨時政府」のこの会議への参加を、当初は正式の「国家」として、そして次にはオブザーバーとして求めたものの拒絶され、状況打開のためアメリカ政府と交渉すべく、ワシントンへと足を運んでいたのだ。

李承晩　1940年代滞米中

しかし、李承晩には打つ手がなく、結果、「何をするともなく」この街にとどまることとなっていた。第二次世界大戦の終結を目前としながらも、李承晩の運動は展望さえ開けていなかった。だからこそ、そこで耳にした日本敗戦の報の感激は彼にとってひとしおだった。

李承晩は一八七五年三月二六日、黄海道平山郡馬山面稜内洞に生まれた。朝鮮王朝の日本への開国は一八七六年、西洋諸国に対してはさらに遅れて一八八二年。つまり、李承晩は朝鮮半島が未だ近代の夜明けを迎える以前に生まれた人物だったことになる。

李承晩については、時に彼が朝鮮王朝の「王族」であることが強調され、また実際、彼自身もそのことに大きな誇りを持っていた。しかし、そのことは李承晩が「王族」であるがゆえ特別な地位にあったことを意味しなかった。李承晩が生まれた家系は、歴代国王を輩出する王族宗家から、四〇〇年も前に分かれた分家であり、彼には「王族」としての何らの特権も存在しなかった。若かりし頃の李承晩は、科挙に合格することを目指す、朝鮮半島の平凡な若者に過ぎなかった。そのような彼の人生が一変するのは、日清戦争により日本軍が漢城府を占領するなか、開化派による政権が成立し、伝統的な科挙が廃止されてからのことである。

科挙という具体的な目標を失った李承晩は、ここから自らの進路の劇的な転換を果たす。彼は、この頃新たに設立された通訳養成学校培材学堂に入学し、若き「開化派」のホープとして急速に頭角を現すことになったのである。李承晩は「朝鮮王朝」から名称を変えた当時の大韓帝国の諮問議会、中枢院の最年少議員にも選ばれた。若き李承晩の将来は洋々であるかに見えた。

しかし、大韓帝国政府が、一転して「開化派」の運動を弾圧するようになると、李承晩の運命は暗転する。李承晩は運動の首謀者の一人として逮捕され、一八九九年から一九〇四年までの五年間を獄中で過ごした。獄中では拷問も行われ、その日々は過酷だったと言われている。ちなみに李承晩には、日本により投獄された経歴は存在しない。のちに大統領になった彼が、日本の拷問によりつけられた傷として各地の演説会で見せたのは、実は彼が大韓帝国により投獄、拷問されたときのものであるという。

皮肉なことに、李承晩がこの長く苦しい獄中生活から解放されたのは、日露戦争勃発とともに、再び日本軍が漢城府を占領した結果だった。時代は、日本軍が大韓帝国に第二次日韓協約、つまり、韓国から外交権を剝奪し保護国化する条約を強要する時期に当たっている。ここで大韓帝国皇帝高宗は、自らの命で獄中に閉じ込めた李承晩に、新しい価値を発見した。すなわち高宗は、西洋事情に通じ、外国語能力にも優れた李承晩を密使として海外に派遣し、諸列強を動かそうと試みたのである。

こうして一九〇四年、高宗の密命を帯びた李承晩は秘密裏に出国した。向かった先は、アメリカだった。しかし、ここには高宗の決定的な読み違いがあった。セオドア・ルーズベルト大統領によるポーツマス条約の仲介に表れているように、当時のアメリカ政府は自らの国益のため東アジアの安定を最優先し、日本が朝鮮半島で排他的権益を持つことに反対していなかった。李承晩は、在米韓国公使館にさえ協力を断られ、ワシントンで孤立する。

朝鮮半島に戻ることさえままならなくなった李承晩は、そのままアメリカに滞在することになる。将来のために勉学に励んだ彼は、苦学の末、ジョージ・ワシントン大学で学士号を、ハーバード大学で修士号を、そしてプリンストン大学で哲学博士号を取得した。博士論文の表題は、「アメリカの影響を受けた永世中立論」だった。こうして李承晩は、哲学博士号を取得した最初の韓国人になった。

「華麗な学歴」にもかかわらず、日本統治期の李承晩は不遇だった。韓国併合を果たした後、日本政府の李承晩に対する警戒はいったん薄れ、一九一〇年、彼はキリスト教布教のため、宗教者として朝鮮半島に舞い戻った。しかし、当時の朝鮮総督府は、列強の影響力を背後にする各種キリスト教系諸団体への警戒を強めており、その活動はすぐに壁にぶち当たった。絶望した李承晩はわずか一年足らずで朝鮮半島を離れ、アメリカへと渡る。以後、解放のその日まで、李承晩が朝鮮半島の土を踏むことはなかった。

また、李承晩の活動は、同じ韓国人民族運動家のなかでも、大きな支持を得ていたわけではなかった。李承晩は韓国の独立のためには、列強、とりわけアメリカの支援が不可欠だと考えていたが、この考え方は、独立を目指す人びとの間では評判が悪かった。「李承晩は、日本に国を売り渡す『親日派』ではないかもしれないが、日本からアメリカに国を売り直す

『親米派』だ」というのが、李承晩を批判する人びとの意見だった。実際、李承晩は一九二〇年の国際連盟発足直後には、韓国を国際連盟の「委任統治領」にすることを要請する書簡を送ったことがあり、このような彼の行動は、あくまで韓国の「即時独立」を要求する人びとから、強い反発を受けた。

このような「孤高の民族運動家」李承晩にとって、ようやく舞い込んだ日本敗北の一報は、まさに一抹の光明とでも言うべきものだった。韓国の解放は、理想主義的な民族主義者が唱えたように韓国人自らの独立運動によってではなく、李承晩が主張したように、アメリカの支援により実現されることとなった。その意味で、一九四五年八月一五日の日本の降伏は、同時に、あくまで武力闘争による独立の実現を主張する「理想主義者」たちに対する「現実主義者」としての李承晩の勝利の瞬間だった。彼の評価は一躍、高まることとなり、朝鮮半島内外の勢力は、来るべき独立朝鮮／韓国の指導者の第一候補に、李承晩の名をこぞって掲げることになる。

もっとも、現実主義者、李承晩はすでに気づいていたかもしれない。日本の敗戦は、単に朝鮮半島が日本から解放されることを意味しているに過ぎない。韓国が真の独立を獲得するにはこれからが本当に重要だ、ということに。

聞こえなかった「終戦の詔勅」――朴正熙

満州国軍歩兵第八団二大隊中隊長だった申鉉俊《シン・ヒョンジュン》大尉は、八月八日夜、ソ連軍参戦の第一報を聞いた。中隊は急遽、半壁山の団本隊に集結し、一五日午前、興隆《こうりゅう》を目指して出発した。敗戦間際、それも日本軍の作戦を補完する役割を与えられた満州国軍の装備は劣悪であり、第八団に与えられた通信装備も、行軍中は他の部隊との交信さえできない代物だった。半壁山から興隆の道筋は、山岳地帯の悪路であり、午後になると大雨さえ降り注いだ。車両の使用は不可能であり、部隊は空腹を押して歩き続けた。

行軍は翌一六日も続けられ、一七日になってようやく、彼らは興隆に到着した。しかし、彼らはここで愕然《がくぜん》とさせられることになる。日本軍の支配下にあったはずのこの地域に、中華民国国旗が翩翻《へんぽん》と翻っていたからである。方円哲《バン・ウオンチョル》中尉が手回し式発電無線機を回すと、団本部は出ず、やがて、北京放送から蔣介石《しょうかいせき》の演説が流れてきた。当時の満州国軍の指揮言語は中国語であり、当然のことながら、それは部隊全員が即座に理解した。

朴正熙《パク・チョンヒ》は、この満州国軍歩兵第八団の副官として服務していた。当時の階級は中尉、ちょうど一ヵ月前の七月に少尉から進級したばかりのところだった。満州族と漢族が大半を占める満州国軍では、団長もまた満州族や漢族が占めることが多く、監視兼参謀役としての副官の役割には、大きなものがあった。朴正煕が服務した第八団の団長も漢族の唐際栄《とうさいえい》大佐。朝鮮人将校は朴正煕や申鉉俊らを含め四名にしか過ぎなかった。

ときに日本統治期の「軍人」であったことが強調される朴正煕であるが、朝鮮半島解放までの朴正煕の軍歴は実はそれほど長くはない。一九四二年三月に満州国の新京軍官学校を卒業し、一九四二年四月から二年間、大日本帝国陸軍士官学校に入学した朴正煕が、満州国軍陸軍少尉に任官したのは一九四四年三月のことだった。その彼が、前線の指揮官ではなく、連隊レベルに当たる「団」の副官に起用されたことは、当時の日本軍や満州国軍幹部から見て、彼がいかに「優等生」だったかを示している。

朴正煕は、一九一七年一一月一四日生まれ。言うまでもなく、一九六一年の軍事クーデタにより政権を獲得し、以後、一九七九年に暗殺されるまで、大統領として、韓国を経済発展へと導いた人物である。生まれは、慶尚北道善山郡亀尾邑上毛洞、現在の住所では亀尾市上毛洞になっている。すっかり市街地化してしまった同地には、いまでも朴正煕が生まれた家が保存されている。父・朴成彬《パク・ソンヒン》と母・白南義《ベク・ナムウイ》の五男として生まれた朴正煕の上には、戸籍上、四男二女があり、さらにその上に二歳で夭折した男子がいた。つまり、朴正煕は、戸籍上は五男、実際には六男ということになる。

朴正煕　満州国軍将校時代

朴正煕が生まれたとき、その父と母は、それぞれ四六歳と四五歳になっていた。父親の朴成彬について、朴正煕のすぐ上の姉、朴在煕《パク・ジェヒ》は、「官職に就こうとして田んぼを売り払ってはしょっちゅうソウルに上京し」、「家産をつぶした」と述べている。結果として、朴正煕が生まれた頃には、彼の実家は経済的にすっかり没落してしまっていた。すでに長男の朴東煕と長女の朴貴煕は結婚し、朴貴煕には子どもまでいた。朴正煕の母は、高齢の妊娠を痛く恥じ、さまざまな方法で中絶することを試みた。彼女はその罪悪感もあり、のちにはむしろこの末子に大きな愛情を注ぐようになった、という。

一九二四年、七歳になった朴正煕は、実家から八キロほど離れた亀尾の普通学校への通学を開始した。朴正煕の母は、「東から二つ目の明るい星が上がるときにあわせて」朝ごはんを炊き、毎朝幼い朴正煕を送り出した。朴正煕は、通学に際し履いているものとは別に、もう一つ藁沓《わらぐつ》を持って出かけた。遠路を歩くなかで、往《い》きに履いた藁沓はつぶれて、帰りには履けなくなってしまうからである。彼が靴らしい靴といえるゴム靴で学校通いをはじめるのは、五年生になってからである。一九二〇年代や三〇年代頃でも、朝鮮半島の農村部に住む子どもたちが普通学校に通うのは、並大抵のことではなかった。事実、朴正煕の生まれた村でも、朴正煕の以前に普通学校を卒業したのは、彼の兄、朴相煕ただ一人だったという。

体が小さく、当初は通学だけで精一杯だった朴正煕が頭角を現すようになるのは四年生になってからのことである。級長と首席を独占し、李舜臣《イ・スンシン》とナポレオンに憧れたというから、朴正煕の軍人への憧れもまた、この頃にはじまったようである。教師たちは成績優秀な朴正煕に進学を勧め、彼は大邱《テグ》師範学校を受験する。理由は亀尾から比較的近かったこと、そして大半の学生が官費の支給を受けられることだった。一九三二年、朴正煕はこの学校に合格する。この時点で一一年の歴史を持つ亀尾普通学校の卒業生として初めての快挙であり、成績も一〇〇人の合格者中、五一番というまずまずのものだった。

もっとも、師範学校での生活は、朴正煕の性には合わなかった。彼は最初の二年間こそ中位の成績を維持し、官費の支給を受けたものの、三年次には成績を急落させ官費支給生の地位から脱落した。四年次にはついに最下位の成績となり、全寮制の学校でありながら欠席率も二〇%を超えることになる。朴正煕は、「机の上での」講義を嫌う一方で、軍事訓練と運動には強い関心を示した。朴正煕は、この学校で軍事教練を担当していた有川圭一を尊敬し、有川も彼の能力を高く評価した。

それでも大邱師範学校を何とか卒業した朴正煕は、一九三七年四月、慶尚北道にある聞慶《ムンギョン》普通学校に教諭として赴任した。朝鮮王朝時代には、首都漢城府と慶尚道南部を結ぶ幹線の通る町として栄えた聞慶も、当時は鉄道のルートから外れた寒村となっていた。朴正煕がこの町に赴任させられたのも、彼の師範学校時代の成績があまりにも酷かったからだと言われている。

とはいえ、聞慶での朴正煕は、一転して生徒の尊敬を集める熱心な教師だった。しかし、同時に彼は日本人校長に支配される当時の普通学校に対して、大きな不満を持っていた。興味深いことに、日本軍と軍人への憧れと、自らに対して横柄な態度に終始する日本人への不満は、彼の心のなかでは矛盾なく共存していたように思われる。

そのようななか、一つの事件が勃発する。時はすでに一九三九年。日中戦争勃発以後、朝鮮半島でも「総力戦」の必要が叫ばれるようになり、教師たちにも軍隊式に坊主刈りにするように求められる時代がやってきた。にもかかわらず当時の朴正煕はこの風潮に従わず、「当時の基準で言う長髪」のままで放置していた。

このような朴正煕の行動は、一九三九年秋、聞慶に視学監が来たときに問題となり、校長とともに叱責された。怒った朴正煕は、視学監を接待するために設けられた酒席で、視学監に杯を投げつけるという暴挙に出る。翌日、校長に呼び出された朴正煕は、その場で今度は校長を「殴りつけ」、辞表を書いたと言われている。こうして、朴正煕は苦労して得た自らの職を一瞬のうちに失った。もっともこのエピソードは、日本統治下の状況を考えれば「できすぎ」に思えなくもない。ともあれ明らかなことは、この視学監の来訪により、朴正煕が教職を失ったことである。

失職した朴正煕は、卒業後も連絡を取り合っていた有川を訪れた。有川は朴正煕に軍人になることを勧め、自ら新京軍官学校、正式名称満州帝国陸軍軍官学校入学のための推薦文を書いた。朴正煕はただちに満州へ赴き、この学校を受験した。成績は、二四〇人の合格者中一五番。朴正煕はこの学校の二期生で、二期生全体は、日本陸軍士官学校落第組である二四〇名を加えて四八〇名。その内、朝鮮人学生は一一名だった。合格者の大半は中学を卒業したての学生だったから、当時二三歳の朴正煕は突出した年長者だった。実際、ある朝鮮人学生は「国民服を来た小柄な青年」を試験監督と間違えた、と述べている。

一九四二年三月、朴正煕は、この学校を卒業した。成績は、非日本人学生の首席。卒業式で彼は、満州国皇帝溥儀《ふぎ》から恩賜の金時計を受け、「御前講義」と呼ばれる答辞を読み上げた。一九四二年四月には、朴正煕は三人の韓国人同期生、七〇余名の満州系学生、そして二四〇名の日本人学生とともに、日本陸軍士官学校留学生隊に編入された。朴正煕はここでも優等生だったと言われている。「誠実寡黙」な彼が、優等生らしくなかったところといえば、新京軍官学校時代も、日本陸軍士官学校時代も、見つかれば退学となるはずのタバコと酒を好んだことだった。

その後、朴正煕らは、チチハルに駐屯する関東軍六三五部隊で三ヵ月の見習士官教育を受けた。新京軍官学校に戻った朴正煕は、さらに二週間の教育を受け、最終日には宴会が行われた。大酒を飲んだ朴正煕は、同期の朝鮮人将校に抱きつき「俺はやり遂げるぞ、必ずやるぞ」と泣き叫んだという。

第1章　大韓民国建国――一九四五〜四九年

「建国の父」への道――李承晩

外国貴賓の皆様、そして我が愛する国民の皆様。本日八月一五日に挙行されますこの式典は、我が国の解放を記念するものであると同時に、我が民族が新たに生まれ直すことを祝うものであります。ここに、アメリカ極東軍最高司令官マッカーサー将軍夫妻をお迎えすることができましたことは我々にとって無上の栄光であります

（『東亜日報』一九四八年八月一六日）

一九四八年八月一五日。かつて朝鮮総督府として用いられていた白亜の建物の前には、民族の一大式典を一目見ようと、大勢の人びとが詰め掛けた。建物の前には、臨時の演壇が設けられ、マッカーサー極東最高司令官、李始栄《イ・シヨン》副大統領、さらには米軍政府の要人や、初代

内閣の閣僚たちが臨席するなか、七三歳になっていた李承晩は、少し紅潮した顔で、しかし厳《おごそ》かに、「大韓民国」の独立を宣言した。太平洋戦争における日本の敗北から、ちょうど三年。一九一〇年の韓国併合以来、実に三八年ぶりに、韓国は自らの独立を取り戻した。大韓民国の建国、そして李承晩を大統領とする「第一共和国」の開始である。

しかし、ここまでの道は決して平坦なものではなかった。解放から独立まで三年の月日を要したことからも明らかなように、日本からの解放がただちに、独立の回復をもたらしたのではなかったからである。

わかりやすく言えば、一九四五年八月一五日の「解放」は、それだけでは朝鮮半島を「日本の植民地」から、「アメリカとソ連の占領地」に変えただけだった。だからこそ、韓国や北朝鮮が独立を果たすためには、彼らは「日本から独立」するのではなく、「アメリカやソ連から独立」しなければならなかった。そこには一定の過程が必要であり、相応の労苦が要求された。そしてその労苦の過程においてこそ、多くの政治勢力の運命が分かれていく。

通算四〇年近い亡命生活を経て、李承晩がソウルに降り立ったのは、一九四五年一〇月一六日。彼が七〇歳のときである。ちなみに、三八度線以南の朝鮮半島の占領を任された米軍が、ソウルの外港、仁川《インチョン》に上陸したのが九月八日、ソウルに入城したのが九月九日だったから、米軍は朝鮮半島南半を支配する「米軍政府」を打ち立てるまでに、八月一五日の「解放」から一ヵ月近い時間を要したことになる。李承晩はそれから特別パスポートを取って朝鮮半島へのビザを獲得し、さらに交通の便も確保しなければならなかった。こうした事情を考えるなら、彼の帰国が一〇月にまでずれ込んだこと自体は不思議ではなかった。

しかし、米軍政府の樹立と、李承晩の帰国の遅れは、朝鮮半島南半の各政治勢力に複雑な影響をもたらした。日本敗戦以降の朝鮮半島南半には、深刻な政治的空白が生じ、さまざまな「政府」や「政党」が割拠する状況が生まれていた。離合集散を繰り返す彼らは、各々が解放後の政局を主導すべく画策した。

大韓民国建国　政府樹立の祝賀式（1948年８月15日）

　このような各種政治勢力にとって、高齢で、しかも「大韓民国臨時政府初代大統領」なる仰々しい肩書きを有する李承晩の存在は魅力だった。四〇年近い亡命生活を強いられた李承晩は、その結果、朝鮮半島内における独自の政治基盤をつくることができなかった。加えて李承晩はすでに七〇歳の高齢になっていた。だからこそ、朝鮮半島内のさまざまな政治勢力は、この「老亡命政治家」を自らに都合の良い看板として利用できると考えた。

こうして左右を問わずさまざまな勢力が、李承晩自身の承諾もないまま、彼の名を自らの「政府」や「政党」の、「大統領」や「首相」や「主席」や「党首」として掲げるという状況が出現する。李承晩を利用しようとしたのは、米軍政府も同様だった。米軍機により、ソウル市内の飛行場に降り立った李承晩は、米軍政府長官ホッジ中将に出迎えられる、という最大限の礼遇を受けた。そこには、この老亡命政治家を利用して、朝鮮半島支配を円滑化することを目論む、米軍政府の意図が存在した。

だが、李承晩はまだ「枯れて」はいなかった。一〇月一七日に帰国談話を発表した李承晩は、一〇月二一日には、中道・左翼系の人びとを中心とする「朝鮮人民共和国」の要人たちと会談した。「朝鮮人民共和国」とは、「解放」直前、朝鮮総督府から治安維持協力の依頼を受けた呂運亨《ヨ・ウンヒョン》を中心につくられた「朝鮮建国準備委員会」が発展したものであり、のちの北朝鮮、朝鮮民主主義人民共和国とは別組織であった。彼らは、米軍政府に対抗し、自らこそが朝鮮半島における正統な政府であると主張していた。

しかし、李承晩は彼らの勧誘を一蹴し、一〇月二五日、自ら独自の政治組織である「独立促成中央協議会」を立ち上げた。朝鮮半島が南北に分断されるなか、まずは朝鮮半島南半だけでも独立を「促成」し、統一はその後実現する、というのがその路線である。この路線は一一月三日には、朝鮮半島南半にあった朝鮮共産党によって公式に批判されることとなり、両者は修復不可能な関係へと帰着する。こうして李承晩はまず左翼系勢力と袂《たもと》を分かつことになる。

李承晩は左翼系勢力のみならず、右翼系、つまり民族主義的勢力の一部とも対立した。その代表は一九四五年一一月二三日、中国の重慶《じゅうけい》から帰国を果たした「大韓民国臨時政府」系の勢力だった。注意しなければならないのは、李承晩が、一九一九年に成立した「大韓民国臨時政府」の「初代大統領」ではあっても、一九四五年の時点における「現職の要人」ではなかったことである。当時の「大韓民国臨時政府」は金九《キム・グ》が「主席」として率いていた。彼らは、民族運動でも武装闘争路線を主張しており、アメリカをはじめとする列強の力を利用しようとする李承晩とは、戦略を異にしていた。

こうして、当時の朝鮮半島南半には、大きく四つの政治勢力が対立する状況が出現する。一つは、呂運亨らの「朝鮮人民共和国」、もう一つは、金九らの「大韓民国臨時政府」、三つ目がホッジを中心とする米軍政府、そして、このどれとも微妙な距離を置く李承晩らの「独立促成中央協議会」だった。

そして決定的な事態が、一九四五年末から一九四六年にかけて起こる。一九四五年一二月一六日、モスクワで米英ソ三国外相会議が行われ、ここで国際連合による朝鮮半島の信託統治案が発表されたのだ。朝鮮半島南半の各政治勢力の判断は、ここで大きく分かれた。

もっとも強硬な主張を貫いたのは「大韓民国臨時政府」系の勢力だった。彼らは、信託統治案に反発する世論を利用して、一躍、米軍政府から政権を奪取することを試みた。米軍政府は、このような「大韓民国臨時政府」の挑戦に正面から対峙し、金九ら「大韓民国臨時政府」の要人を相次いで連行した。結果、彼らの組織は壊滅し、その活動は大打撃を被ることとなる。

他方、「朝鮮人民共和国」、そしてこれと密接な関係を持つ朝鮮共産党系の勢力もまた、重大な「ミス」を犯した。その当初こそ、他の政治勢力と並んで、信託統治反対を主張していた彼らは、一九四六年一月二日、突如自らの路線を転換し、信託統治賛成に立場を転じた。転向の背景にはソ連の意向があったと言われる。いずれにせよその突然の転向は、世論を彼らから大きく離反させることとなり、その信頼は決定的に傷ついた。そして同じ年の一〇月、彼らは大邱を中心とする慶尚道で大規模な街頭行動に訴えた。しかし、この運動は、米軍政府によって厳しく弾圧されることになる。こうして左翼勢力もまた米軍政府に正面から戦いを挑んだ結果、その力を失った。

このようななか、李承晩がとった方法は巧みだった。彼は、朝鮮半島に対する信託統治には反対しつつも、同時に朝鮮半島南半における米軍政府の正統性は尊重し、信託統治への反対運動を一定の範囲にとどめることに成功した。注目すべきは、「韓国独立のためには列強、特にアメリカとの協調が必要だ」という李承晩の考え方が、韓国の独立は、列強、とりわけアメリカとの協調なしにはありえないという日本統治期からの李承晩の主張の延長線上にあったことである。アメリカが我々より強大であることは致し方ない。重大なのは、この現実を否定して、無謀な冒険に乗り出すことではなく、現実のなかで、もっとも望ましい解決方法を模索することなのである。

こうして一九四八年五月一〇日、憲法制定を目的とする「制憲議会」召集のための選挙が行われるまでには、朝鮮半島南半における他の主要な政治勢力は駆逐され、来るべき大韓民国は、李承晩を事実上「唯一の大統領候補」とする状態へと帰着した。大韓民国建国に際して、当初は議院内閣制に近かった憲法案は、李承晩の意思によってより大統領制に近いかたちに改定され、李承晩は圧倒的多数で大統領に選ばれた。大韓民国の成立——それはすなわち、ライバルたちに対する李承晩の政治的勝利を意味していた。

政治的現実への直面——尹潽善

大韓民国の建国式典。李承晩が自らの生涯でもっとも華やかな舞台に立っている頃、尹潽善は、再び、自らの広大な邸宅に戻っていた。もっとも、そのことは解放以後の政局で、彼が何もしなかった、ということではない。彼はさまざまな活動を行った後、自らの政治的限界に直面し、再び政治の表舞台から姿を消すこととなっていたのである。

解放後の尹潽善の活動は迅速だった。解放から半月後の九月一日、尹潽善は自宅に保守的政治家たちを一堂に集めて、「韓国国民党」なる政党を立ち上げた。政党の発足式は九月四日。「韓国国民党」の発起人には、のちに国務総理や野党幹部を歴任する、許《ホ・ジョン》政や金度演《キム・ドヨン》といった有力者たちが名前を連ねており、一時は、尹潽善は、朝鮮半島南半における保守政治家結集の有力な結節点の一つとなるかに見えた。尹潽善は、一〇月四日には米軍政府から農商局顧問に任命され、この部局における韓国人最高責任者としての地位をも占めた。滑り出しは上々といえた。

しかし、尹潽善はここから急速に他の政治家たちのなかに埋没する。尹潽善が立ち上げた「韓国国民党」はすぐに求心力を失って解体し、そのメンバーは、尹潽善の一族と並ぶ資産家、金性洙《キム・ソンス》が主宰する韓国民主党へと吸収されていくこととなったからである。

金性洙は尹潽善より六歳年長であった。しかし、両者の間で決定的に異なっていたのは、物理的な年齢よりも、解放にいたるまでの経験だった。朝鮮半島有数の事業家・教育家・民族運動家として、朝鮮人資本最大の湖南財閥を率い、高麗《コリョ》大学の前身である普成《ボソン》専門学校の校長を務め、東亜日報の社主として、自らの実力と独自の人脈を培ってきた金性洙に対し、尹潽善が解放前までに自身で成し遂げたことは、ほとんど何もなかった。唯一残された、亡父・尹致昭の人脈も、解放直後の「親日派」――植民地支配下の日本統治協力者――批判が行われる状況では、否定的な意味しか持たなかった。

　金性洙を中心とする韓国民主党は、やがて韓国最大の野党へと成長する。李承晩政権期の野党である民主国民党や民主党、さらには、朴正熙政権下の野党であった民政党や民衆党、新民党などは、一定の範囲ながら、すべてこの政党の流れを汲んでいる。

　しかし、解放後の尹潽善には、類まれな僥倖《ぎょうこう》もあった。それは彼の叔父・尹致暎《ユン・チヨン》と李承晩の特殊な関係だった。尹致暎は尹英烈の六男。もっとも叔父といっても尹致暎は、尹潽善の一歳下の一八九八年生まれである。内地の中央高等普通学校から早稲田大学を経て、ジョージ・ワシントン大学で学士、アメリカン大学で修士号を得た彼は、アメリカ亡命時代の李承晩と親交が深く、李承晩が帰国すると同時にその秘書役を務めている。亡命生活が長く、朝鮮半島内に独自の政治基盤を持たなかった李承晩にとって、この朝鮮半島有数の資産家一族との関係は、きわめて貴重なものだった。

　こうして、尹潽善とその一族を中心とする勢力は、いったん金性洙を中心とする勢力から距離を置き、李承晩の側へとその政治的足場を移すこととなる。もっともこの時点では、金性洙らと李承晩の関係は、未だ決定的な対立関係にはいたっていない。尹潽善もまた韓国最初の国会議員選挙には、故郷牙山から韓国民主党の名で立候補登録した。しかし、結果は、無所属候補徐容吉《ソ・ヨンギル》に大敗したのであった。

　選挙の落選は、結果として、李承晩が尹潽善を自らの側に勧誘することを容易にさせた。

ちなみに選挙後の国会で、李承晩は金性洙を中心とする韓国民主党と激しく対立するようになる。仮にこのとき尹潽善が国会議員に当選していれば、彼の人生はかなり異なったものになったことだろう。

李承晩は大韓民国建国に当たり、尹潽善に、最初は中国大使、次いで日本大使に相当する大韓民国政府日本代表部代表の職に就くことを求めた。尹潽善はこれらの職は受諾しなかったものの、一九四八年一二月、李承晩がソウル市長就任を求めると、一転してこれを受諾する。こうして尹潽善は解放後二代目、建国後最初のソウル市長となった。当時のソウル市長は内務部長官による任命制であり、その内務部長官は尹潽善の叔父・尹致暎であった。つまり彼らは一族で内務部の二大重要官職を独占したことになる。尹潽善とその一族は確実に、李承晩政権に取り込まれ、その一角を占めるかに見えた。

再び同じ階段を——朴正煕

一九四八年八月一五日。朴正煕は朝鮮警備士官学校所属の第一中隊長兼戦術教官を務めていた。階級は少佐、すでに満州国軍時代の中尉から二階級の「昇進」を遂げていた。しかしそのことはここにいたるまでの朴正煕の人生が順調だったことを意味しなかった。

満州国軍中尉朴正煕は、日本の敗戦をいまの中国内蒙古《ないもうこ》自治区興隆で迎えた。日本の敗戦により部隊が目標を失って彷徨《ほうこう》するなか、朴正煕ら朝鮮人将校は、前日まで同僚だった満州国軍所属の中国人将兵らにより武装解除された。朴正煕の所属する満州国軍歩兵第八団には、朝鮮人将校が四名おり、彼らは敵でも味方でもない中途半端な立場に置かれることとなった。

そのような彼らにとっての問題は、いかにして故郷へ戻るかだった。ここで朴正煕らは北京に出ることを選択する。北京への到着は一九四五年八月二九日。当時の北京には、中国全土から、旧日本軍、あるいは満州国軍所属の朝鮮人将兵が四〇〇名以上集結していた。この状況は「大韓民国臨時政府」の目のつけるところとなり、彼らはのちに韓国空軍の創設者の一人となる東北弁事処長、崔用徳《チエ・ヨンドク》を派遣して対処した。崔用徳は、彼らを朝鮮人が経営していた製紙工場に収容し、「大韓民国臨時政府光復軍第三支隊」に編入した。つまり、つい二週間前まで日本軍や満州国軍の将兵だった彼らは、一夜にして「栄えある大韓民国臨時政府光復軍」の一員となったことになる。

軍人としての階級が相対的に高く、日本統治末期のエリートコースを歩んできた朴正煕は、ここでも自然とリーダー的存在となった。とはいえすでに述べたように、朝鮮半島南半を軍事占領する米軍政府は、「大韓民国臨時政府」とは対立状況にあり、彼らの「軍隊」としての帰国を許さなかった。結果、朴正煕らは、「個人資格」で朝鮮半島へ戻ることになる。一九四六年五月六日、天津を米軍の戦車揚陸艦で出発した彼は、二日後釜山に到着し、いったんソウルに上京したのち、善山に帰郷した。朴正煕、二八歳のときである。

善山に戻った朴正熙への親族からの風当たりは強かった。一家を挙げて師範学校まで卒業させた一族期待の星が、せっかく手にした教職を捨てて軍人へと転じ、さらには無職の身となって戻ってきたのである。朴正熙の父はすでにこの世になく、一家には働き手が不足していた。

朴正熙は、故郷で気まずい四ヵ月あまりを過ごしたのち、長姉・朴貴熙の夫からソウル行きの旅費を確保し、さらに、尊敬する三兄・朴相熙のカメラを生活の足しとして勝手に持ち出して善山を発った。

一九四六年九月、朴正熙は大韓民国陸軍士官学校の前身に当たる朝鮮警備士官学校に第二期生として入学した。入学者二六三名には、光復軍、中国軍、日本軍、そして満州国軍で将校として勤務した経験を持つ者が三五名含まれていた。生徒は二個中隊に編制され、朴正熙は二〇歳と二一歳というはるか年下の中隊長の下、黙々と訓練に励んだ。

朴正熙が警備士官学校で、再度の士官教育を受けはじめた頃、彼の故郷では、その後の彼の人生に大きな影響を与える事件が勃発していた。一九四六年一〇月一日、左翼系勢力は米軍政府に対する攻勢を開始した。主たる舞台は、朴正熙の故郷からも程近い、慶尚北道の中心都市、大邱である。最初はこの大邱における大規模ストライキから出発したこの事件は、一〇月三日には亀尾にも波及、三〇〇〇人の群衆が警察署を占拠し、警官や官吏の自宅八六棟が破壊される事態へと発展した。

そして、この事件のなか、朴正熙が尊敬する三兄・朴相熙が警察官によって銃殺されることになる。当時の朴相熙は亀尾地域の左翼勢力で中心的な地位を占めていた。彼は暴動の最中、興奮した暴徒から警察官たちを匿《かくま》おうとして逆に撃たれた、と言われている。

朴正熙は兄の葬儀には参列しなかった。一九四六年一二月一四日、朝鮮警備士官学校を三番の成績で卒業し少尉に任官した彼は、朝鮮国防警備隊第八連隊第四小隊長として発令を受けた。第八連隊は春川《チュンチョン》で創設され、春川・原州《ウォンジュ》・江陵《カンヌン》の線を守備する重要な部隊だった。

朴正熙はその後、連隊の作戦参謀代理として、連隊将校団の特別教育を進める任に当たり、一九四七年九月には大尉に昇進、陸軍士官学校の中隊長に転じている。

つかの間の平和——金泳三

金泳三は、同じ頃の思い出として、次のような文章を残している。

ある日私は本を買うため、恵化洞近くにあった古い書店に入って行った。書店の中は狭い上、天井までびっしり本が並んでいて無造作な感じだった。欲しかった本を探せなかった私は、女学校を出たばかりのような店員に本の題名を尋ねてみた。

「え？　なんですか？」

私の言葉を聞き取れなかったのか、女店員は柔らかく愛嬌あるソウル言葉で聞き返した。私は何度も本の題名を繰り返さなければならなかった。

「え？」「え？」

女店員の質問が反復するに従って私の顔は真っ赤に火照ってきた。

（『金泳三回顧録』第一巻、一五七頁）

金泳三は、当時、ソウル大学文理学部哲学科の一年生。ソウルに上京したばかりの頃である。慶尚南道の南端で育った彼の言葉は、強い独特の慶尚道訛《なまり》があり、ソウルでは理解されなかったようである。二〇歳の青年だった金泳三は自らの訛を恥じ、以後、書名を言葉で伝えることをやめ、メモを渡すようにしたという。

この一見、微笑ましい金泳三のエピソードにも、解放から建国までの朝鮮半島南半の大きな変化が隠されている。そもそも日本統治末期、およそ優等生とは言えなかった金泳三は、どうやって朝鮮半島における最名門大学、ソウル大学に潜り込むことに成功したのだろうか。

金泳三にとって最初の大きなチャンスは、釜山における名門学校の一つであった慶南中学校への編入だった。日本統治期、内地と強く結びついていた港湾都市釜山は、同時に朝鮮半島でもっとも日本人の割合が大きい都市の一つであり、それゆえ敗戦にともなう日本人たちの内地への帰還は、この都市に大きな間隙をつくり出した。それは教育機関でも同様だった。

釜山の中学校の多くは、日本人学生が帰国した結果、大量の欠員がでることとなり、急遽、編入生を募集した。金泳三の父は、再度、自らと繋がりのあった東萊中学校への編入を勧めたが、金泳三は野心的だった。彼はあえて編入学が確実な東萊中学校を拒否し、釜山中学校と並ぶ名門であった慶南中学校を選択した。名門中学への編入に首尾よく成功したことにより金泳三には大きな機会が開かれた。慶南中学校在学中の金泳三は釜山で下宿生活を送り、大網元の長男らしく、たまの帰省時には、実家の船で釜山と巨済島の間を直接行き来した。

慶南中学校時代の金泳三の逸話としてもっとも有名なのは、自らの下宿の部屋に「未来の大統領金泳三」と毛筆で書いた大きな文字を貼り付けていた、というものである。一度金泳三の下宿にやってきた友人たちがふざけてこの紙をはがしたことがあった。金泳三はこれをひどく憤り、友人たちはそのことで、彼が大真面目に「大統領」を目指していることを知ったという。

金泳三　慶南中学校在学時

この中学在学中、金泳三に大きな影響を与えたのが、校長を務めていた安龍伯《アン・ヨンベク》だった。京城帝国大学哲学科の卒業生である安龍伯は、この学校で公民の授業を担当していた。こうして安龍伯に感化された金泳三は、自らも京城帝国大学の事実上の後身であるソウル大学の哲学科を目指すことになる。そして、一九四七年一〇月、金泳三は自らの願い通り、ソウル大学入学を果たすことになる。その前途は洋々としているかに見えた。

動乱のなかで――金大中

金泳三がソウルでのキャンパスライフを満喫していた頃、木浦の金大中は、大きな変革の渦のなかにいた。一九二四年生まれと一九二八年生まれ。わずか四歳の違いでありながら、二四歳と二〇歳の両者は、まったく異なる社会的状況にあった。すでに述べたように、金大中は、地元の名門、木浦商業高等学校を卒業したのち、日本人の経営する海運会社に勤務した。しかしながら、解放と同時に、経営者をはじめとする日本人たちは朝鮮半島から脱出し、会社には金大中たち朝鮮人従業員だけが取り残された。彼らは急遽、従業員団体を結成し、委員長に若き朝鮮人幹部候補社員、金大中を選出した。こうして金大中は、従業員から会社の経営を任されるかたちで、この会社の「経営者」の地位に座ることになる。

こうして一躍、木浦社会の有力者の一人に浮上した金大中は、政治にも積極的に関与した。解放後の朝鮮半島では、日本人の大量脱出の結果として権力の空白が生まれ、地方でも治安が大きく悪化していた。この間隙を縫って、ソウルでは呂運亨らを中心に朝鮮建国準備委員会が結成され、地方にも一四五にものぼる支部がつくられた。金大中は、この一つである木浦の支部に参加し、宣伝部の仕事の末端を担った。

木浦の朝鮮建国準備委員会は、やがてソウルで「朝鮮人民共和国」が結成されると、「人民委員会」へと名称を変える。しかし、この過程で朝鮮共産党の影響力が大きくなると、木浦でもさまざまな部分に軋《きし》みが生じるようになる。金大中が事実上の「経営者」の地位に就任していた企業でも、労働組合が結成され、労働組合は、金大中に対して給与などの待遇改善要求を突きつけた。会社は混乱し、この状況を見たソウルの米軍政府は、企業経営を改善すべく、「会社と何の縁故もない人」を新たなる、そして真の「経営者」として派遣した。日本の敗戦にともない、朝鮮半島における日本人資産は米軍政府によって没収されることになっており、その結果として、この企業の公式な所有権もまた、日本人経営者から米軍政府に移っていたのである。

こうして一九四八年、金大中はこの企業を離れ、自ら「木浦商船」という海運会社を興すこととなる。金大中の優れた経営手腕により、会社は順調に発展した。こうして「資本家」の仲間入りを果たした金大中は、左傾化を強めつつあった「人民委員会」と距離を置くようになり、今度は民族主義陣営に接近する。当時、金大中の義父、つまり、車容愛の父は、民族主義系の韓国民主党の木浦副支部長を務めており、やがて、彼はその立場に親近感を抱くようになった。同じ頃、金大中は、李承晩系の大韓青年

金大中　木浦商業在学時

団の海上団部副団長にも就いた。当時を振り返り、彼は次のように述べている。

大韓青年団海上団部の副団長に選ばれたのも、そのころです。船員など海の上で働く人たちの青年団です。思想傾向から言えば右翼ですね。建国準備委員会、新民党など左翼と関係していた私は今度は右翼になったわけです。極端なようですが、この時代はある意味では右か左か、二つに一つしかなかったのです。

（『わたしの自叙伝』六八～六九頁）

もっとも、左右さまざまな勢力が入り乱れ、激しい政治的闘争が行われたこの時代、自らの生き残りをかけて政治的立場を左翼から右翼へ、あるいは、右翼から左翼へと変えていった人びとは少なくなかった。こうして南北分断へ向かうなか、当時の朝鮮半島の人びとは否応なしに左右両極へと引き裂かれていったのである。

第2章　朝鮮戦争勃発——一九五〇～五三年

一九五〇年六月二五日

一九五〇年六月二五日。その日、金大中社長は自らの経営する海運会社の仕事でソウルにいた。彼は昼前に韓国海軍所属の友人と市内の繁華街、明洞《ミョンドン》で食事を摂った。昼食を終えた彼らは、軍用のトラックが猛烈なスピードで走りぬけ、「軍人は全員即時に原隊に戻れ」とがなりたてているのを、目のあたりにする。急いで知り合いのところに足を運んだ金大中は、ラジオのニュースでようやく北朝鮮軍の全面侵攻を知ることになる。北朝鮮が北緯三八度線を越えて侵攻を開始したのが午前四時。金大中が状況を知るまでに、八時間以上の時間が必要だったことになる。

しかし、金大中はこの時点では本当の状況の深刻さを理解していなかった。

いまでも耳に残っているのは申性模《シン・ソンモ》国防部長官の話です。長官は「もし大統領の命令が下れば、韓国軍は三日で平壌《ピョンヤン》まで、一週間で中国と北朝鮮の国境の鴨緑江まで行き、鴨緑江の水を汲んで大統領に捧げることができる」と言っていました。ですから戦争になれば韓国が勝つと思っていたのです。あれほど韓国の軍隊が弱いとは思ってもいなかったのです。

（『わたしの自叙伝』七九頁）

事実、韓国側の国営放送であるKBSは、開戦以来、一貫して韓国軍の優勢を伝えていた。このような序盤の混乱した状況を、韓国政府が故意に劣勢を覆い隠し、国民に虚偽の情報を伝えようとした結果生じたものだ、というのは正確ではない。なぜなら、混乱した状況にあったのは、韓国政府も同様だったからである。

北朝鮮軍侵攻の情報が、李承晩大統領に伝えられたのは午前八時とも一〇時とも言われている。ある説によれば、この情報に接したとき、李承晩大統領は、日曜日の日課である昌慶苑［現在の昌慶宮］での魚釣りを楽しんでおり、この情報を聞いてもそれをただちにやめなかったと言われている。当時、三八度線では、南北両軍の衝突が頻発しており、あるいは李承晩はこの日の動きも、北朝鮮軍によるいつもの挑発行為に過ぎない、と考えたのかもしれない。午後二時、李承晩はようやく臨時閣議を招集したものの、内閣への訓令は「各自の任務を完遂せよ」、「夜間灯火管制を徹底せよ」という程度にしか過ぎなかった。

しかし状況は開戦二日目を過ぎると劇的に変わった。なぜなら、前日朝九時半に三八度線に近い開城《ケソン》が北朝鮮の手に落ちたのに続き、北朝鮮の主攻撃線上に位置する要衝、議政府《ウイジョンブ》も陥落することになったからである。これを受けて、三日目の二七日午前一時には、韓国軍首脳部は、「(組織的軍隊としての)韓国軍は崩壊した」との認識に到達し、「米軍の援助」を待ち、政府と軍本部を南方に後退させるための作戦に転換する。韓国軍は防御線を、ソウル市の北東方、さらには市内にまで後退させ、そのための時間稼ぎに徹することになる。

朝鮮戦争　ソウルに突入した北朝鮮軍（1950年6月28日）

こうして韓国政府のソウル脱出作戦が開始される。六月二七日午前三時、李承晩はワシントンの張勉《ジャン・ミョン》駐アメリカ大使に電話をかけ、アメリカのトルーマン大統領に援助を要請するように訓令すると、妻フランチェスカと秘書一名、さらには警察署長、警護警察官四名のみをともない、ソウル駅から特別列車で南へ向かった。特別列車は機関車一両に窓ガラスの割れた三等客車二両のみ。見送りも四人の大統領秘書官だけだった。

大統領のソウル脱出は、李承晩の身の安全を案じた韓国政府により公にはされなかった。

ソウルでは、国務総理代理兼国防部長官の申性模が非常国務会議により、ソウル市内から漢江《ハンガン》を渡った南方、水原《スウオン》への首都移転を決めた。

他方、その申性模出席の下、中央政庁で開かれた国会では、午前四時より政府の非常招集を受けた約半数の議員が集まり、「一〇〇万愛国市民とともにソウルを死守する」という決議文を採択した。政府は国会議員にさえ、状況を正確に伝えてはいなかったことになる。この決議文を持って議会代表者が向かった大統領官邸は、すでにもぬけの殻になっていた。午前六時には、KBSはついに政府の水原移転を発表し、ソウル市内はパニックと化した。李承晩ソウル脱出の三時間後のことである。

北朝鮮軍の侵攻に直面し、ある人は徒歩で、またある人は列車でソウルからの脱出を図った。列車の始発は午前七時。しかし、次に出るはずの午前八時の列車が出発することはなかった。

ソウルの陸軍本部は一二時半に撤収を開始、そのわずか一時間後の午後一時半にはソウル市内に北朝鮮軍の戦車が突入した。そして、午後二時二五分には、ソウル市内と南方を結ぶ漢江の二つの橋が爆破された。数多くの人が橋とともに犠牲となり、それよりはるかに多くの人びとが行く道を失って、ソウル市内に取り残された。

朝鮮戦争変遷図

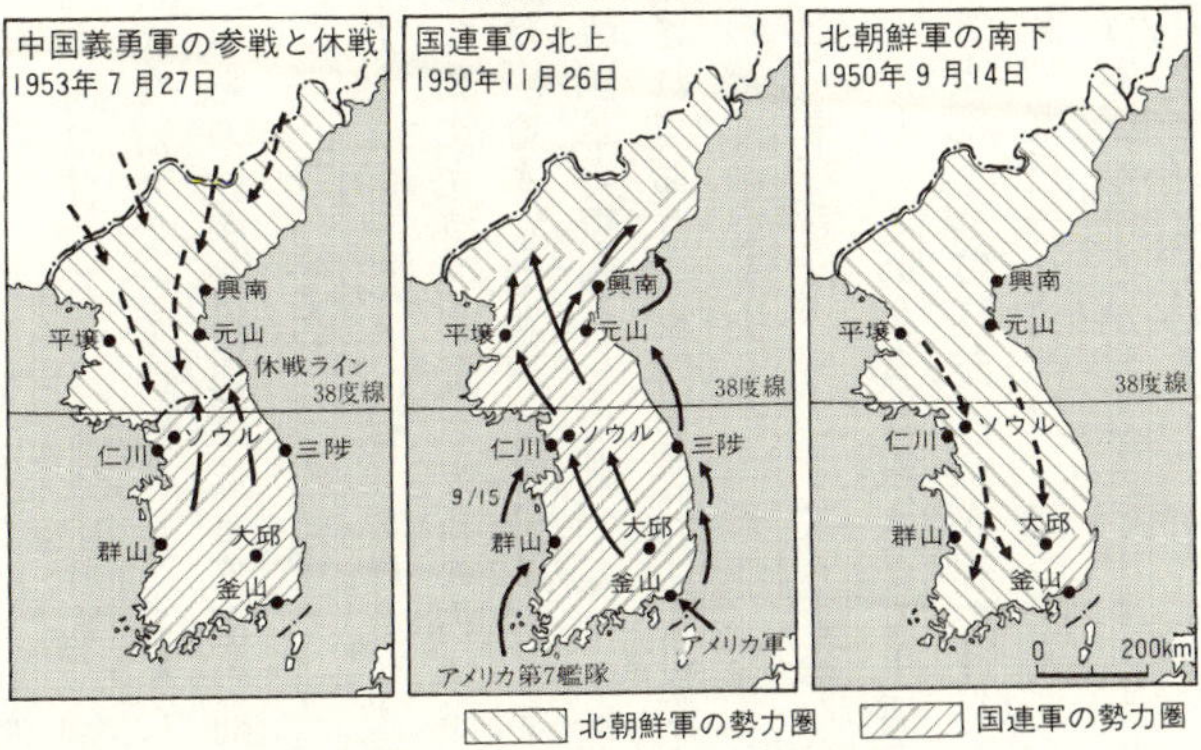

「資本家」の悲哀——金大中

金大中もまた、ソウル市内に取り残された一人だった。彼は、政府が水原に撤収した六月二七日、李承晩大統領が行った米海空軍出動の放送を聴いて、国軍は「ソウル死守」の約束を守るものと考えた。しかし、二八日に入ると、ソウル市内はいよいよ本格的な北朝鮮軍の支配下に置かれることとなる。状況は、「資本家」金大中にとって、最悪だった。

まもなく、ソウル市内で行われている人民裁判を目撃した金大中は、遅ればせながらソウル脱出を図った。六月二七日、アメリカ陸軍が参戦を決め、国連軍と韓国軍が大田《テジョン》で北朝鮮軍を食い止めるための防衛線を引いていることを知った彼は、ひとまずこの大田を経て、故郷木浦を目指すことにしたのである。

漢江を渡し舟で渡った金大中は、木浦まで直線にして三二〇キロの道を徒歩で南下した。地上からは北朝鮮軍の砲弾が、空からは米軍の機銃掃射が降り注ぐなか、金大中は約二〇日かけて木浦への道を歩き通した。しかし、木浦に着いた彼を待ち受けていたのも、過酷な状況だった。

自らの住居兼海運会社事務室の前に着いた彼が最初に見たのは、屋外で小さな椅子に座っている、「やせこけて、まるでミイラのよう」になった母親の姿だった。金大中が徒歩で南下した二〇日間に、破竹の勢いで進撃する北朝鮮軍は、すでに朝鮮半島南西端の木浦に達していたのである。北朝鮮軍の占領下にある木浦では、この町有数の資本家だった金大中の家族は「資本家で右翼反動分子」であるとして、激しい迫害に晒《さら》されたのだ。

韓国軍の軍属として働いていた金大中の弟や、やはり資産家であった義父は北朝鮮軍に連行されており、家財道具一切を没収されていた金大中は、自らの家に入ることさえ許されなかった。住居を失った一家は、第二次世界大戦中に日本軍が掘った防空壕に仮の住まいを求めた。車容愛は、ここで次男を産んだ、という。

しかし、そのような家族との生活さえわずか二日しか続かなかった。帰郷を聞きつけた北朝鮮支配下の警察が、金大中を連行したからである。金大中はその後二ヵ月にわたって収監され、九月一八日には、他の囚人と「処刑場」へと運ばれた。この三日前の九月一五日、米軍は木浦のはるか北方、仁川での大規模な上陸作戦に成功した。これにより木浦の北朝鮮軍は退路を断たれて孤立する恐れが生じ、彼らは北方へと撤収する前に、囚人たちを急ぎ「処理」しようとしたのである。

だが、処刑が予定されていた九月一八日夜、北朝鮮軍は木浦から突然撤退し、金大中は九死に一生を得る。木浦の警察署と刑務所に収容された「右翼反動分子」は約二二〇人。助かったのは一二〇名に過ぎなかった、と金大中は回想している。

政治家との繋がりゆえ――金泳三

六月二七日、新設洞《シンソルドン》の下宿にいると、なんと人民軍の戦車が大きな音を立てながらソウルの町に入ってきたではないか。その当時、私と滄浪先生との関係が広くしられていたので、人民軍の標的となる可能性が大きかった。（『金泳三回顧録』第一巻、六二頁）

金泳三の下宿があった新設洞は、北朝鮮軍によるソウルへの主攻撃線上にあった。すなわち、このとき彼が見たのは、韓国軍の最終防衛ラインを突破したばかりの北朝鮮軍の戦車だったことになる。時間はこの日の午後のことだったろう。

さて、かつて、中学校の下宿に「未来の大統領金泳三」と大きく書いた紙を貼り付けていた少年も、すでに二二歳になろうとしていた。そしてこの日までに金泳三は、目標に向けて着実なスタートを切っていた。政治家になるには弁論が重要である、そう考えた金泳三は、勉学をそっちのけで弁論の練習に励んだ。あるいはその背景には、自らの訛へのコンプレックスもあったかもしれない。そして練習の甲斐もあってか、金泳三は、一九四七年八月、ソウル市内明洞で開かれた政府樹立記念弁論大会に参加して、二等の外務部長官賞を受賞する。ちなみに、このときの一等は、一九六〇年代に野党新民党の国会議員になる宋元英《ソン・ウォンヨン》である。

張沢相（1893～1969）　第3代国務総理．慶尚北道の大地主の家に生まれ，米軍政下の首都警察長官，初代外務部長官などを歴任した

しかし、金泳三にとっては、二等の外務部長官賞受賞は幸いだった。当時の外務部長官は張沢相《ジャン・テクサン》、金泳三と同じく慶尚道の出身の野心溢れる政治家だったからである。張沢相は、朝鮮戦争直前の一九五〇年四月、金泳三を直々に呼び出し、五月三〇日に行われる第二代国会議員選挙で、自らを手助けするよう要請した。願ってもない申し出に一も二もなく応じた金泳三は、早速、張沢相の選挙区だった漆谷《チルグク》に行き、その選挙運動を手伝った。朝鮮戦争期に国務総理にまでのぼり詰め、一時は大統領の地位さえ窺《うかが》った張沢相という有力政治家との伝《つて》を得ることで、金泳三は「未来の大統領」への絶好のスタートを切った。

しかし、朝鮮戦争の勃発は、金泳三をめぐる状況を一変させた。北朝鮮軍にとって張沢相は、その一族が慶尚北道最大の資産家であり、日本統治期には典型的な「親日派」としての経歴を持ち、さらに解放直後には米軍政府下のソウルにおける首都警察長官として共産党勢力の弾圧に力を注いだという、三重の意味での仇敵中の仇敵だったからである。だからこそ、その秘書見習い格である金泳三が北朝鮮軍の侵攻に慌てたのは、当然だった。彼の実家もまた資産家であり、このままでは、彼が処罰されることは火を見るよりも明らかだった。

もっとも、ここでの金泳三の選択は、金大中とは異なっていた。すなわち、金大中があくまで故郷木浦を目指したのとは異なり、金泳三は友人の実家があった利川《イチヨン》の小さな村落に身を潜めることを選択したからである。ソウルから利川までは直線にして五〇キロ。金泳三はこの道のりを三日間、昼は身を隠して、夜中に歩いた。友人の家は、韓国によくある同族村落のなかにあり、住民の結束はきわめて固かった。だから「密告の心配はなかった」と、金泳三はのちに記している。

結局、金泳三はこの村で三ヵ月を過ごした。その生活は「村の人の仕事を手伝ったり、わらじをつくりながら」過ごすという、戦時下にしては比較的静かで安定したものだったようである。金大中と金泳三の状況が大きく異なったのは、金大中が帰郷した木浦が地方における拠点都市として、北朝鮮軍による強力な統制下に置かれたのに対し、金泳三が寄宿した村落が農村部にあり、北朝鮮軍の監視が十分に行き届かなかったことにあろう。

しかし、この静かな村にも、やがて北朝鮮軍がやってくる。金泳三の友人の「叔父さん」の一人が、泥酔して裏山に登り「大韓民国万歳」と叫んだ事件が北朝鮮軍の耳に入り、村はその捜索の対象となったからである。命からがら逃げ出した金泳三は、「行商人に化けて」故郷の巨済島にではなく、ソウルに向かった。この時点ではすでに米軍が仁川に上陸し、ソウルへ向かって進撃中だったからである。とはいえ、北朝鮮軍の側も依然、ソウルを死守せんとして交戦中であり、金泳三は幾度もその尋問にあったという。

ともあれ米軍のソウル奪還とほぼ時を同じくして、金泳三はソウルに帰り着いた。彼は早速文官として韓国軍に服務することとなり、情報担当の仕事を任された。音信の途絶えた金泳三を故郷では死んだものと見なしていたが、彼はその後無事、帰郷を果たすことになる。

こうして米軍の仁川上陸作戦は、将来の韓国の大統領を二人救うこととなったのである。

戦争という「僥倖」――朴正熙

緒戦においては、三八度線を越えた北朝鮮軍が一挙に大邱と釜山を結ぶ洛東江の線まで南下し、変わって仁川への上陸作戦を契機に、米軍と韓国軍を主体とする国連軍が鴨緑江まで進撃する。国連軍が三八度線を越え、自らの国境に迫ったことに恐怖を覚えた中国がここで参戦し、国連軍をソウルの南方まで押し返す。国連軍が総力を挙げてソウルを再び奪還したところで戦線は膠着し、一九五三年七月二七日、三年一ヵ月の戦争は休戦に入る。

以上のように朝鮮戦争は朝鮮半島全土を嘗《な》め尽くした凄惨《せいさん》な戦争であり、そこでは軍民の別なく、多くの人が塗炭の苦しみを経験した。しかし、その一方でこの戦争により、自らの人生における活躍の場を獲得し、その名誉まで回復した人間も存在した。朴正煕はそのような数少ない人間の一人だった。

朝鮮戦争勃発の直前、朴正煕は失意のどん底にあった。かつて新京軍官学校を首席で卒業して日本陸軍士官学校留学の「栄誉」を得、朝鮮警備士官学校でも将来を嘱望された彼は、当時、軍情報局の「非公式の文官」という不安定な地位にあった。その背景には複雑な事情があった。

すでに述べたように、朴正煕は、一九四六年九月、朝鮮警備士官学校に第二期生として入学した。そのことは逆に朴正煕が、一九四六年五月の第一期生入学に間に合わなかったことを意味している。そして、この第一期生と第二期生の違いは、創設当時の韓国軍では決定的な意味を持った。なぜなら、第一期生が自動的に誕生したばかりの韓国軍、より正確には「朝鮮国防警備隊」の幹部に登用されたのに対し、第二期生である朴正煕は、その下に置かれる立場になったからである。第一期生には、朴正煕の新京軍官学校時代の後輩たちも含まれており、その下で働かざるを得なくなった朴正煕が、複雑な感情であったとしても不思議ではない。

そしてこのような朴正煕に、南朝鮮労働党、つまり、朝鮮半島南半におけるこの時期の共産党系組織の手が伸びた。朴正煕への工作のルートは大きく二つ。一つは新京軍官学校時代の後輩であり、同時に当時の上官であった人脈を通じたルート、もう一つは、実家、特に一九四六年一〇月の大邱地方を中心とする左翼勢力と、警察・青年団との間の衝突により、警察によって射殺された朴正熙の三番目の兄・朴相熙の家族を経由してのルートだった。重要なのは後者だった。当時、朴相熙の遺族は、南朝鮮労働党の工作員から経済的支援を受けており、自然朴正熙もこれと接触を持つようになったからである。朴正熙はこの過程で南朝鮮労働党の党員になったという。

とはいえ、それだけなら、事態はまだ決定的なものとは言えなかった。なぜなら、当時の韓国軍には、実は数多くの南朝鮮労働党員が潜んでおり、そのなかで朴正熙は決して目立った存在ではなく、活動もほとんど行っていなかったからである。ある人物は、当時の軍隊は警察によって弾圧された左翼的性向を持った人びとの「避難所」としての役割を果たしていたとさえ評している。

しかし、ここで事件が勃発する。一九四八年一〇月一九日、済州島《チェジュド》における農民反乱事件を鎮圧するために動員された陸軍第一四連隊が、南朝鮮労働党系将校の主導により、麗水《ヨス》で反乱を起こし、これに順天《スンチョン》に駐屯する二個中隊も呼応した、という反乱事件である。三八度線以北に北朝鮮の脅威を抱え、南北から挟撃される危機に直面した韓国政府は、急遽、光州《クウアンジュ》に反乱軍討伐司令部を設置、一〇個大隊の作戦兵力をもって、その鎮圧に全力を注いだ。朴正熙も討伐司令部の作戦・情報参謀の一人に任用され、着実に任務をこなしている。

しかし、南朝鮮労働党系将校の主導による反乱事件の勃発は、朴正熙個人の働きとは関係なく、彼を追い詰めていった。なぜなら、韓国政府及び韓国軍は、反乱事件の再発を防ぐために、「粛軍」と呼ばれる軍内の粛清を開始することになったからである。そして朴正熙はこの「粛軍」の一環として、一九四八年一一月一一日、軍捜査当局に逮捕される。「粛軍」の第一波における逮捕であるから、当時の韓国軍が、朴正熙を軍内における南朝鮮労働党人脈の重要人物と見なしていたことがわかる。朴正熙は、のちに大統領に就任した彼が数多くの政治犯を送り込むこととなる、ソウル市内の西大門刑務所に収監された。

西大門刑務所での朴正熙は、軍当局の取調べに協力的であり、それゆえ待遇も悪くはなかったという。捜査を担当したある人物は、「朴正熙は軍内南労党組織では相当に重要な地位にいたけれども活動した形跡がほとんどなかったし、陳述書を通じて南労党組織員を多く暴露したことで生き延びることができた」と述懐し、さらにこうも述べている。

そのように自分の組織を吐いてしまった人は去勢された宦官のようになり、放してやっても絶対に二度と共産主義者になれません。朴正熙がそういう人間になったので我々は生かしておいてもいい、と考えたのです　（『朴正熙』一三七頁）

この捜査担当者は、このように判断したのち、情報局長を務めていた白善燁《ベク・ソンヨプ》に上申した。

朴正煕に面会した白善燁は、彼が「私を一度助けてくださることはできませんか」と述べる一方で、毅然とした姿勢を失わなかった、と述べている。これを受けて白善燁は捜査担当者とともに、朴正煕の助命嘆願書を書くこととなった。

軍内では、彼ら以外にも元容徳《ウォン・ヨンドク》、金一煥《キム・イルファン》ら、朴正煕の助命に積極的な人物が数多く存在した。このことから、当時の朴正煕に軍内で一定の人望があったこと、そして何よりもその軍人としての能力の高さを惜しむ人の多かったことがよくわかる。まもなく、朴正煕は西大門刑務所から釈放され、戦闘情報課長として勤務しながら、判決を待った。判決は「少佐朴正煕、命罷免、免死刑執行」。朴正煕はこれを一読して「ウン、わかっておる」と短く述べた、と言われている。朴正煕が武官としての地位を失い、「非公式の文官」なる、中途半端な地位となった瞬間である。

そのような朴正煕にとって、朝鮮戦争は彼の思想と「大韓民国」への忠誠心を計る絶好のリトマス紙の役割を果たした。北朝鮮軍の一撃によるソウル陥落は、一般の韓国人の間のみならず、政府や韓国軍内部にも、大変な混乱状態をもたらした。そして、混乱状態のなか、左翼的知識人や軍人、あるいは一般の人びとの一部は「自発的に」「進んで」ソウルに残ることを選択した。李承晩政権成立から二年。政権には顕著な腐敗の兆候が現れ、人びとは「大韓民国」の現状に満足はしていなかった。そのような彼らが自ら実際に経験した「大韓民国」と李承晩の統治よりも、まだ見ぬ朝鮮民主主義人民共和国と金日成《キム・イルソン》の統治に、自らの生涯をかけてみようと思っても不思議ではなかった。

だからこそ、朴正熙の同僚たちは、不遇を託《かこ》つ朴正熙が自分たちと同じく、決死の思いで漢江を渡り、水原に新たに設置された司令部までやってくるかを疑心の目で眺めていた。しかし彼はやってきた。生母の法事で実家の善山に帰っていた朴正熙は、非常召集とともに二六日にソウル入りし、二七日に情報局に帰着した。だが、この段階では情報局の本隊はすでに水原に退いていた。そして、朴正熙はこの本隊を追って水原に南下する。

彼の水原行きは、漢江に架かる橋が直前に爆破されたため、渡し舟を見つけて渡るという決死行になった。のちに朴正熙らがクーデタを起こしたときの韓国軍総参謀長であり、当時は情報局長として朴正熙の直属の上司だった張都暎《ジャン・トヨン》は、これにより朴正熙に対する一切の疑いを払拭したと回想している。上官の信頼を得た彼は、一九五〇年七月一四日に現役に復帰、少佐として陸軍本部戦闘情報課長に任命され、九月一五日には早くも中佐に昇進した。朴正熙はその後、第九師団参謀長、同副師団長、陸軍情報学校長、陸軍本部作戦教育局長、第二軍団砲兵団長を歴任し、大佐で朝鮮戦争を終えている。

もっとも、将校の絶対数不足の状況にあった朝鮮戦争当時の韓国軍で、この昇進は決して早いものではない。そのことは、当時の韓国軍や政府内部に、依然として朴正熙への疑いを払拭しきれない人びとがいたことを意味していた。そして、このような朴正熙の昇進の遅れはやがて彼を大きな行動へと駆り立てていくことになるのである。

李承晩政権との訣別――尹潽善

金大中や金泳三が命からがら越え、また、朴正熙がそれを乗り越えることにより、自らの経歴における大きな暗部を払拭することになった、ソウル市内南方の川、漢江。しかし、韓国政府の要人やその経験者の多くは橋が爆破される以前にこれを渡り、ソウルを脱出することに成功した。

尹潽善と李承晩。韓国の初代と第二代の大統領は、まさにこのような「選ばれた人びと」に他ならなかった。大韓帝国期の開化運動から続く長い活動経歴を持つ現職の大統領と、日本統治期以前から続く韓国有数の資産家の現当主。彼らは間違いなく、当時の韓国社会の支配層の異なる二つの顔を代表していた。しかしそのことは、彼らが一枚岩であったことを意味しなかった。否、この戦争がはじまる少し以前から、彼らの関係は徐々にではあるが確実に破綻へと向かっていたのである。

すでに述べたように、解放直後、自らを中心とする政治勢力の糾合を試みた尹潽善はこれに失敗し、李承晩の勧誘に従い、ソウル市長として官途を歩みはじめた。尹潽善にとって、このソウル市長時代は、のちのちまで自らの人生でもっとも幸せだった時代の一つとして記憶された。それは彼が首都行政の総責任者として、また、職責上の上司である内務部長官が叔父・尹致暎だった関係からも、比較的自由にその職務を遂行できたからに他ならない。実績を挙げた尹潽善は、一九四九年六月には商工部長官に任じられ、李承晩政権の閣僚として遇された。

しかし、尹潽善と李承晩の関係は、この商工部長官任命の直後から悪化した。きっかけは二つの事件であった。一つは、ソウル市内の路面鉄道運用会社、「京電」の社長更迭問題、もう一つは「生ゴム」事件だった。前者は、李承晩が、自らの気に入らない同社の社長を、商工部長官である尹潽善を無視して解任した事件、後者は商工部の決済によりゴム組合に配送されるべき生ゴムを、金融組合連合会に動かされた李承晩がこれまた直接処理した事件である。面子を潰されたかたちになった尹潽善は激しく反発し、李承晩は「尹某は自分の言うことを聞かない人物である」というメモを公にする。

こうして李承晩と対立した尹潽善は、朝鮮戦争直前の一九五〇年五月、商工部長官を辞任する。このようにして朝鮮戦争を迎えた尹潽善は、自伝のなかで朝鮮戦争勃発当時の状況について何も記していない。しかし確かなのは、この戦争の最中、尹潽善がさらに李承晩との対立を深めていった、ということである。たとえば、朝鮮戦争当時の韓国政府の大スキャンダルの一つに「国民防衛軍」事件があった。軍事力不足を補うために、補助的軍隊として組織された「国民防衛軍」に渡るべき物資が、不正に横流しされ、結果として、この「軍隊」所属の兵士の多くが餓死したという事件である。

釜山政治波動　1952年，朝鮮戦争下の臨時首都・釜山で勃発した李承晩政権による野党弾圧事件．李承晩はこれにより憲法を自らに有利な大統領直接選挙制に改定した

一九五〇年一一月、大韓赤十字社の第二代総裁に就任した尹潽善は朝鮮戦争における医療関係の責任者の一人として現場を視察した。多くの兵士たちが餓死寸前の状況にあるのを目撃した尹潽善は、これをただちに李承晩に報告した。しかしながら、李承晩はこれに対して「尹総裁も敵の謀略にかかってしまったのか」と言って満足に取り合おうとしなかった。尹潽善はこのような李承晩の姿勢に強い不快感を覚えたと記している。

尹潽善は、さらにこの後発生した「釜山政治波動」——当時の政権が戒厳令を発布し、物理的暴力によって反対運動を抑え込むなかで李承晩の大統領再選に有利なように憲法改正を強行した事件——を目の当たりにして、李承晩との最終的な訣別を決意する。彼は次のように述べている。

そしてついには一九五二年五月、釜山政治波動が発生した。李承晩大統領の独裁性が決定的に強化された事件である。長期政権のために憲法改正を強行するなどということが、あってよいはずがない。

この事件が発生したことにより、私はこれ以上、我慢がならなくなり、李承晩政権との訣別を決意した。

これを契機に私は、［最後まで維持していた公職である］大韓赤十字社総裁職を辞職し、野党陣営にはせ参じた。一九五二年九月だったと記憶している。そして、一九六〇年四月一九日［正しくは二六日］、李承晩が大統領職を辞して下野するときまで、彼に会うことは一度たりとなかった。

（『孤独な選択の日々』四六二頁）

それでは、その頃、肝心の李承晩は何をしていたのだろうか。そして、彼はなぜこのような無理をしてまで、憲法改正を強行しなければならなかったのだろうか。次にその点についてみてみよう。

脱出の道、独裁への道――李承晩

李承晩がソウルを特別列車で脱出したのは、先にも触れたように一九五〇年六月二七日午前三時。その二時間前の午前一時頃に、元内務部長官趙炳玉《ジョ・ビョンオク》とソウル市長李起鵬《イ・ギブン》が大統領官邸を訪れ、李承晩に事態の急変と、早期のソウル脱出を訴えた。市民を残しての脱出を躊躇する李承晩が、ソウル脱出を決意するにいたるには、妻フランチェスカの懸命の懇願が重要な役割を果たした。実際、李承晩がソウルを脱出したわずか五時間後には、ソウル市内と南方を繋ぐ鉄道は寸断されている。一国の大統領のそれとしては、間一髪の脱出劇といえる。

李承晩の乗った特別列車は目的地も定かでないまま「可能な限り全速力で直行せよ」という命令を受けて南へと向かった。とりあえず水原に到着した李承晩は、ここで「ソウル市民を捨てて避難した選択は誤りだった」と嘆くことになる。五時間後、大邱に到着した李承晩は、慶尚北道知事・曺在千《ジョ・ジェチョン》から、韓国軍が依然、ソウル北方の防御線で北朝鮮軍を食い止めているという情報を聞き、「機関車をつなぎ直して上京せよ」という命令を下している。こういったことからも李承晩がいかに混乱し、またソウル脱出を悔いていたかを知ることができる。

列車はこうして大邱からいったん大田まで北上した。ここで、李承晩はムーチョ米大使からアメリカが参戦を決意した、という一報を伝えられる。この事実は、李承晩の目をソウルから釜山へと向かわせた。この時期、すでに日本に撤収していた米軍を、再度朝鮮半島に上陸させ北上させるためには、陥落直前のソウルよりも、朝鮮半島の南の玄関口、釜山を確実に確保する必要があるからである。李承晩は、国務総理の李範奭《イ・ボムソク》と与党幹部の尹致暎を呼び、次のように指示したという。

お前たちはいますぐ釜山に向かうように。いま重要な場所は釜山だが、そこには誰もいないではないか。

（『李承晩　九〇年』下、八一頁）

同じ日の午後一〇時頃、李承晩は、アメリカ大使の勧めにより、「韓国民を鼓舞するため」、韓国全土にラジオ放送を行った。放送の主たる内容は、米軍参戦と「首都ソウル死守」。金大中が聴いたと述懐しているのは、おそらくこの放送であろう。この時点での李承晩は、米軍の参戦により事態はただちに改善すると考えていたように思われる。

しかし、李承晩の期待は現実のものとならず、三日後、彼は再び南方に避難を開始する。出発は七月一日、またもや時間は午前三時頃。この時点で韓国軍は依然漢江の防衛線を維持していたものの、各地にはすでに、北朝鮮「遊撃隊」の浸透が進んでいた。大田と釜山の中間に存在する大邱周辺も、この遊撃隊の出没が確認されており、米軍や韓国警察は、李承晩に木浦に出て、そこから釜山に船で向かうことを進言した。遊撃隊の脅威は大田付近も同様であり、李承晩夫妻はこれを避けるため、裡里《イリ》までジープで移動したのち、わずか五名で特別列車に乗車、木浦に向かうことになる。

木浦に到着した一行は、暴風雨に見舞われて、二時間もとめ置かれ、ようやく午後四時頃、海軍木浦警備部の警備艇二隻で木浦を出発した。釜山に到着したのは翌日の午前一一時。李承晩夫妻は、実に一九時間もの間、暴風雨に揺られたことになる。釜山では、慶尚南道知事梁聖奉《ヤン・ソンボン》が埠頭に出迎え、釜山市民に対する李承晩の一言を要請した。しかし、李承晩が返したのは次のような言葉だった。

逃げ出してきた大統領が何を話せばよいというのか。皆、頼むからやめてくれ。
（同前下、八六頁）

こうして李承晩と大韓民国はソウルを放棄し、釜山に臨時首都を置いた。その後の朝鮮戦争の展開については、多くの書籍で語られていることであるので、ここでは省略する。重要なことは、この戦争の過程で、李承晩政権の性格が大きく変わってしまったことである。

一つはアメリカとの関係悪化である。朝鮮戦争の緒戦で惨敗を喫し、自らの軍隊の指揮権を米軍に譲り渡さざるを得なかったことは、李承晩のプライドを著しく傷つけた。以後、李承晩は、アメリカの決定に再三にわたって反対するようになった。北朝鮮軍捕虜の送還をめぐる「反共捕虜」釈放問題や、朝鮮戦争の休戦など、李承晩はアメリカの決定にことごとく反対し、手を焼いたアメリカは、やがて李承晩を政権から排除することさえ考えるようになる。

李承晩のアメリカ、さらにはアメリカを通じた国際関係に対する配慮の喪失は、日本との関係でも悪影響を与えた。その典型は、一九五二年一月一八日に行われた、いわゆる「李承晩ライン」、韓国で言う「平和線」の宣布である。これにより多くの日本漁船が韓国近海で拿《だ》捕《ほ》されることになり、開始されようとしていた日韓の国交回復交渉に暗い影を投げかけた。

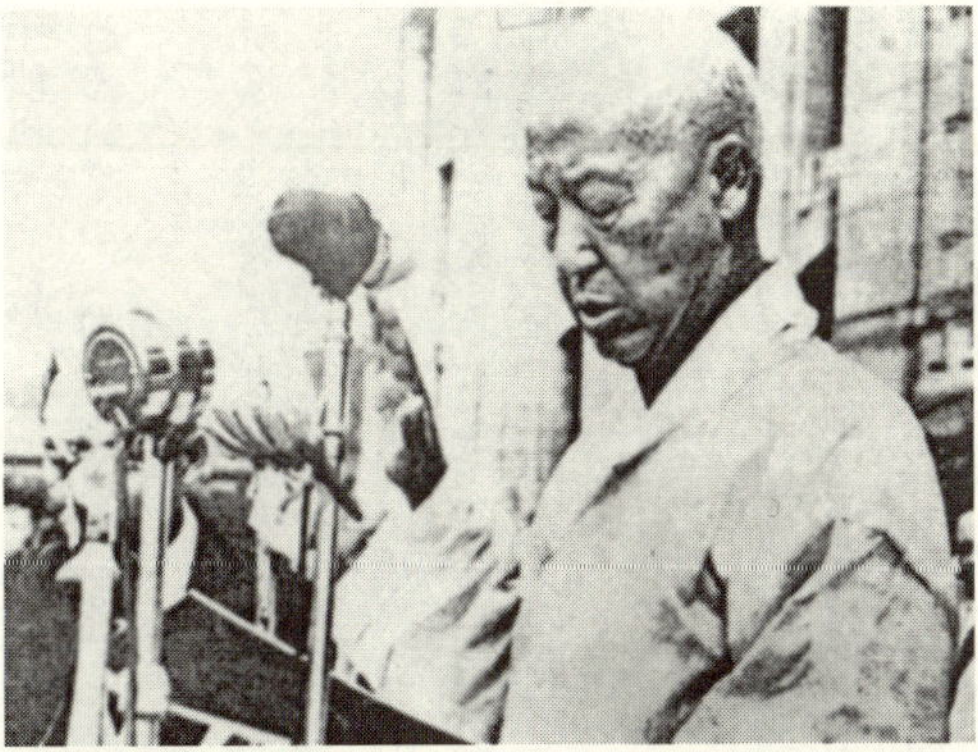

李承晩政権　「建国の父」として大きな権威を誇った李承晩は，この権威を利用し長期政権樹立を目論んだ．アメリカは強引な政権運営に不安を覚え，一時は李承晩の追放も構想した．他方で，この時期につくられた強大な大統領を中心とする政治体制は，その後の韓国政治の性格に影響を与えた

李承晩はアメリカが求めた対日関係の改善にも、前向きに取り組まず、そのことは彼と日米両国の関係をさらに大きく悪化させた。

もう一つは、国内における政権の独裁化である。背景には、李承晩自身の追い詰められた状況があった。朝鮮戦争直前、一九五〇年五月三〇日に行われた国会議員選挙で、与党・大韓国民党は全二一〇議席中、二四議席と惨敗し、その後も安定勢力を形成することに失敗していた。当時の韓国は国会による大統領間接選挙制を採用していたから、国会における与党の劣勢は、李承晩の再選に赤信号が灯っていることを意味していた。

そしてだからこそ、ここで李承晩は二つの

手段に訴えた。一つは、新たなる与党の結成である。注目すべきは、「自由党」と名づけられる新党が、国会議員を中心としてではなく、国会外の諸圧力団体を中心として結成されたことである。背景には、大統領選挙を国会による間接選挙から、国民による直接選挙へと変える、という李承晩の意志があった。大韓民国建国から四年。「建国の父」としての威信がまだ生きていた頃のことである。

しかし、ここで難問が残った。憲法改正には、国会で三分の二を超える賛成が必要であり、これをどのようにして得るかである。そもそも憲法改正の理由が、国会での与党勢力の弱さにある以上、通常の国会での議論を通じた憲法改正は不可能であり、その方法は歪《いびつ》なものとならざるを得なかった。

こうして一九五二年五月、先述の「釜山政治波動」が勃発する。五月二五日に、釜山を含む慶尚南道、全羅南道、全羅北道の二三市郡に戒厳令を宣布した政府は、翌五月二六日には、大統領の直接選挙制実現を目指す李承晩に反して、大統領制の廃止と議院内閣制実現を主張する野党議員五〇余名を憲兵隊によって連行させる。李承晩政権に対する内外の非難が高まり、野党議員に対する「怪漢」の襲撃が続くという異常な状況のなか、ついに一九五二年七月四日、憲法改正が強行される。出席議員一六六名中、賛成一六三、反対〇、棄権三。憲兵隊が国会議事堂を取り囲むなか、もはや野党議員には反対する自由さえ与えられなかった。

第3章　四月革命への道――一九五四～六〇年

下野、そして亡命――李承晩

若い者が不正を見て立ち上がらなければ、国は滅びる。本当に不正選挙があったのなら、君たちが立ち上がったのは正しい。また不正選挙があったのなら私は辞めるべきだ。

（『わたしの自叙伝』一四四頁）

一九六〇年三月一五日の正副大統領選挙で、李承晩政権は、大規模な不正選挙を敢行した。目的は、与党・自由党の正副大統領候補である李承晩と李起鵬、特に後者を副大統領に当選させることである。自由党は、前回一九五六年の副大統領選挙で、野党・民主党候補、張勉に敗れており、何としてもその雪辱を果たさねばならなかった。

自由党が副大統領選挙にこだわった理由はいくつかあった。第一は、このときの大統領選挙で、野党・民主党から立候補する予定だった趙炳玉が、選挙直前の二月一五日に急死していたことである。ちなみに、一九五六年の大統領選挙でもやはり李承晩の最有力対抗馬だった民主党の申翼熙《シン・イツキ》が選挙遊説中に急死しているから、偶然か否かは別にしても李承晩は二回続けて、主要な野党候補者の死に助けられたことになる。李承晩政権は、趙炳玉の死後、追加候補登録を求めた野党・民主党に対し、すでに大統領候補登録期間は過ぎている、として、これを認めようとしなかった。

しかし、より重要な理由は他にあった。それは李承晩の年齢がすでに八五歳に達しようとしており、その後継者問題が深刻になっていたことである。当時の制度では、大統領が任期中に死亡した場合には、副大統領がその地位を継ぐことになっており、一九五六年の副大統領選挙で、民主党の張勉が勝利したことは、自由党を恐慌状態に陥れた。

そしてだからこそ、自由党は、一九六〇年の選挙には、なりふり構わぬ姿勢で臨むこととなった。八五歳になろうとする李承晩にかつてのような雄弁を期待することは不可能であり、副大統領候補だった李起鵬もまた病を抱えて、遊説を行うことさえできなかった。加えて李起鵬のイメージは、李承晩政権下のさまざまなスキャンダルに塗《まみ》れており、その個人的人気により選挙戦を乗り切ることができないのは、前回の副大統領選挙での敗北から明らかだった。

結局、自由党にできることは、あらゆる政府系機関を巻き込んだ徹底した組織選挙と、それを補完する不正工作だった。自由党は、この選挙に地方自治体はもちろん、裁判所や病院、軍隊や警察まで動員し、徹底した組織選挙を行うとともに、野党候補の選挙活動への妨害を行った。これにより、李承晩と李起鵬は「当選」を果たした。無効投票を除いた得票率は、対立候補がいなかった李承晩が一〇〇％、李起鵬も七九％に達した。

しかし、このような李承晩政権による大規模な組織選挙の展開は、やがて人びとの大きな反発を生むことになる。とりわけ大学生や高校生を中心とする学生たちの反発は強かった。当時の韓国の学生組織は、政府により「上から」高度に組織化されていたが、これが政府の手を離れて、野党側に回ることになったのである。

学生たちの動きは最初に大邱で現れた。一九六〇年二月二八日、大邱ではたまたま日曜日に開かれる予定であった民主党演説会への学生たちの参加を阻止するため、李承晩政権から高校生に対する「日曜登校」の指令が出されていた。大邱の高校生たちは、李承晩政権の恣《し》意《い》的な指示に反発し、大規模なデモを展開した。

投票日の三月一五日には、運動は当日の不正選挙を糾弾する慶尚南道の港湾都市、馬山《マサン》における大規模デモへと発展し、やがてソウルにも飛び火した。ソウルでのデモの中心になったのは、市内各地にある大学の学生たちであった。そして、四月一九日、デモ隊はついに大統領官邸正面に突入、これを防ごうとした警察部隊の発砲により多数の死傷者が出ることになる。

4月革命（1960年4月） 撤去される李承晩像．原動力は学生たちだった．同時に彼らの過激な行動は，その後の政局を不安定化させた

こうしてソウル全市は、混乱の渦となった。運動には学生のみならず、多くの市民も参加するようになり、四月二五日には、彼らの一部が当時東大門運動場に駐屯していた部隊と交渉し、一四名が大統領官邸に赴き、その内五名が大統領に直接面会することに成功する。年老いた李承晩は、国民の前に直接顔を出すことはもちろん、本来なら自らの責任で開かねばならない国務会議、つまり内閣の閣議にさえ出席することが少なくなっていた。市民代表たちは、久々に目にした「建国の父」の変わり果てた姿に驚いたかもしれない。

実際、事態はすでに李承晩の手を離れていた。かつて、自らの大統領再選を求めて強権発動を行った李承晩だったが、彼はいつしか側近や自由党内強硬派に「担ぎ上げられる」だけの存在に成り下がっていた。たとえば、次のようなエピソードが残されている。四月一九日の大統領官邸前のデモ隊に対する発砲事件のときである。側近はそれを、「あれは閣下が大統領に当選されたことを祝って国民が騒いでいる音です」と述べたと言う。

本章冒頭の言葉は、李承晩がこの「市民代表」五名と面会したときに語ったと伝えられる言葉をのちに金大中が記したものである。実際、李承晩は自らの言葉通りに行動した。一九六〇年四月二六日、大韓民国に一一年八ヵ月と一一日君臨した「建国の父」は、次のような談話を発表した。

国民が望むなら大統領職を辞任する。再選挙を行なう。李起鵬を公職から解く。内閣責任制をとり入れるための憲法を改正する。
（同前、一四四頁）

李承晩は同じ日、大統領官邸を出て自らの私邸である梨花荘《イファジャン》へ入った。梨花荘の周囲は、李承晩が暴徒に襲撃されることを恐れる市民によって守られた、と言われているから、「建国の父」としての李承晩個人の威信は依然として健在だった。

李承晩の大統領辞任は翌二七日正式に認められ、急場をしのぐための許政《ホ・ジョン》による「過渡内閣」が発足する。一九六〇年六月一五日には議院内閣制を採用する憲法改正が行われ、七月二九日にはこの憲法に則《のっと》って国会議員選挙が行われた。「第二共和国」の開始である。

副大統領に「当選」したはずの李起鵬は一家心中することを余儀なくされ、結局、李承晩と妻フランチェスカもまた、日本統治期に彼らが活動の本拠としたハワイに亡命することとなる。こうして李承晩は韓国現代史から姿を消した。彼は生きて大韓民国の地を再び踏むことはなかった。李承晩は一九六五年七月一九日亡命先のハワイで客死する。その遺骸は彼が在任中に創設したソウル市内銅雀《ドンジャク》区にある国立墓地に埋葬されている。

運動に身を投じつつ――金大中

一九六〇年四月五日。馬山における不正選挙糾弾運動デモの余波が、ソウル市内でも広がりを見せる頃、金大中はソウル市内の民主党本部にいた。当時の金大中は、民主党の副スポークスマン。この日、民主党本部は、今回の正副大統領選挙の無効を訴えてソウル市内でデモを打つこととなり、金大中には、選挙やり直しのスローガンをメガホンで叫ぶ役割が与えられていた。当時の心境を金大中は次のように率直に回顧する。

もし明日デモの先頭に立てばどういうことになるか、考えれば考えるほど深刻な気持になりました。

政府が第一次の馬山事件のあと、「もしデモを行なえば武力をもって弾圧する」と正式に布告していたからです。武力で弾圧を容赦なく加えられれば、馬山のように何人かの死傷者が出る可能性もありました。ですから幼い子供たちに見送られて家を出るときは悲愴な覚悟でした。

（同前、一三八頁）

しかし、かつての金大中社長はこのときどうして、民主党の副スポークスマンの地位にあったのだろうか。金大中は次のように記している。

> 私は韓国戦争［朝鮮戦争］であわや命を落とすところでしたから、それからの一生はいわば拾ったようなものだ、とかねがね思っていました。ですから、せっかく拾った命なら、それをわが民族のために及ばずながら役立てたいと思うようになりました。
> 韓国戦争をふり返っても、政治の指導者がしっかりと責任を持って行動していたら、あれほど韓国民は苦しむこともなかったでしょうし、戦争自体も起きなかったかもしれません。そして釜山で起きた一連の政治騒動を通じて、国民の幸福は政治にあることをいよいよ痛感することになりました。人頼みはできない心境でした。
> 私は政治の世界に入る決心を固めたのです。　（同前、一〇五頁）

金大中のこのような決断の背景には、彼の「社長」としての成功があった。先に触れたように、解放直後、いったんは日本人が経営する海運会社の「経営者」の地位に浮上した金大中は、労働組合の反発と米軍政府からの介入に直面して、この会社を手放した。彼は大韓民国成立直前の一九四八年五月、新たに木浦商船という会社を興してこの社長に収まった。朝鮮戦争さなかの一九五〇年一〇月には地元最大の新聞社である、木浦日報も買収した。同じ頃、海上防衛隊全羅道地区副司令官にも任じられた彼は、一九五一年には、木浦商船を改組して新たな商船会社をつくり上げ、同年五月には大洋造船会社も設立する。こうして若き金大中は、港町木浦における海運王としての地位を着々と固めていったのである。

だからこそ、「成功者」金大中は、一九五四年の国会議員選挙に無所属から立候補したとき、自らの当選を確信していた。しかし、彼にとって不幸だったのは、この時期がちょうど韓国政治において政党制が定着していく時期に当たっていたことだった。金大中の地盤は、与党・自由党によって「上から」切り崩されると同時に、野党・民主国民党によって「下から」も大きく切り崩された。時代は、金大中のような人物といえども、政党への所属なしに、自らの政治的地位を切り開くことが不可能な時代に差しかかりつつあった。当時の木浦は韓国内の主要都市の一つであり、このような状況は都市部で特に顕著に進んでいた。

だからこそ、捲土重来《けんどちょうらい》を期した金大中は、一九五五年、新たに野党勢力を結集してつくられた民主党に入党した。民主党の成立で韓国には二大政党的状況が出現することになる。

当時の民主党には、副大統領・張勉が率いる「新派」と、元内務部長官・趙炳玉を中心とする「旧派」の二大派閥が存在した。このうち金大中が所属したのは、新派だった。金大中は、自分が新派に入ったのは、当時の妻、車容愛が張勉と同じくカトリックであり、また、張勉の人格に惹かれたからであったとするが、本当のところはよくわからない。当時、木浦選挙区から民主党議員として選ばれていた鄭重燮《ジョン・ジュンソプ》は旧派に属する人物だったから、彼への対抗のために新派に入った、と見るほうが正確かもしれない。

ともあれ、金大中の新派への「加入」は徹底したものであった。入党と同時に金大中は、張勉を「代父」つまり、宗教上の父親として洗礼を受け、カトリックに入信した。もっとも当時の金大中は「神が本当に存在するのか」という疑問を持ち続けていたというから、あまり熱心な信者とは言えなかった。

張勉も、この裕福で有能な金大中を「若手の理論家」として重用した。しかし、政治家としての金大中はこの後も苦汁を舐《な》め続けた。民主党本部は、この若き政党人に、現職議員と競合する地元木浦での立候補を認めず、江原道《カンウォンド》の麟蹄《インジェ》から立候補することを命じたからである。麟蹄は、朝鮮戦争の結果として韓国が新たに獲得した、休戦ラインに近い土地である。金大中は「当時、軍は圧倒的に民主党を支持していた」と記しているから、多くの軍隊が駐屯するこの土地で当選の機会がないとは考えていなかった。ちなみに、このとき麟蹄に駐屯していた第七師団長は朴正熙。金大中は一度、この師団を訪ねたが、師団長は留守だったと回想し

金大中（前列中央）　1954年国会議員選挙に無所属で出馬したとき

ている。のちに競い合う両者がはじめてニアミスした瞬間だった。

しかし、麟蹄での金大中は立候補すらままならない状況であった。一九五八年の国会議員選挙で、金大中は、その立候補登録が、一度目は立候補に必要な推薦人——当時の国会議員立候補には選挙区内の一〇〇名の推薦人が必要だった——の一部が自由党候補のそれと二重登録されているとしてつき返され、二度目も推薦人の印鑑が本人の捺《お》したものとして確認できないとして無効とされた。この事件は、野党候補に対する「登録妨害事件」として全国的に注目され、総選挙終了後、金大中はいったん選挙無効を訴えて裁判に勝利する。しかし、裁判後行われた一九五九年の補欠選挙でも、金大中は敗れた。与党・自由党が翌年の正副大統領選挙に備えて準備を整えていたこの時期、北朝鮮に対する軍事的最前線における野党候補者の当選は、事実上不可能になっていたのかもしれなかった。

金大中にとっての不幸は、私生活にも訪れた。補欠選挙での敗北の直後、妻・車容愛が睡眠剤を飲みすぎ、ショック死したのである。「いままでの疲労と苦労の蓄積に、選挙の敗戦で受けた精神的打撃が重なったこと」がその間接的な原因だと金大中は記している。もっとも彼の周囲は、車容愛は自殺したのだ、と噂した。

民主党は、このような時期に金大中を副スポークスマンに起用した。こうして彼はのちに「四月革命」と呼ばれることになる、学生たちを中心とした李承晩政権打倒運動を迎えた。それまで李承晩政権と自由党に政界進出を阻まれてきた金大中にとって、「四月革命」は、僥倖となるはずだった。しかし、一九六〇年七月二九日、李承晩政権崩壊後最初に行われた国会議員選挙でさえ、金大中は麟蹄から立候補して自由党候補に敗れている。権威主義政権の打倒は、闘いの終わりではなく、金大中にとっての光明はまだ見えなかった。

最年少議員として——金泳三

木浦、麟蹄、麟蹄、そして、麟蹄。金大中が四度にもわたって、政界への進出を阻まれていた頃、金泳三はすでに韓国政界で重要な地歩を占めつつあった。

第三代国務総理・張沢相の事実上の秘書役を務めていた金泳三は、故郷の巨済島からの立候補を目指して、朝鮮戦争の最中から準備を続けていた。そして、一九五四年の国会議員選挙に立候補した彼は、最初の挑戦で見事当選に成功する。わずか二六歳、現在まで破られていない最年少国会議員当選記録である。

金泳三の最初の国会議員選挙で注目すべきは、それが与党・自由党からの立候補だったことであろう。背後には、金泳三の実家が有する豊富な資金力と地盤があった。自由党はこの巨済島に「一〇隻あまりの船と相当の田畑を持つ」大網元の息子を自党の勢力拡張のために利用しようとしたのである。

こうして金泳三の政界入りは、彼自身の政治的野心と周囲の思惑により実現された。しか

金泳三　初当選後の国会で

し、金泳三は国会議員当選後、早々に自由党を飛び出してしまう。一九五四年、韓国の政界では、またもや次回の大統領選挙に備えて憲法の改正を強行しようとする李承晩政権の露骨な動きが現れつつあった。当時の韓国の憲法にあった大統領の三選禁止規定を「初代大統領に限り」撤廃しようとする動きである。金泳三はこれに反発、自由党内少壮派議員二〇名とともに反旗を翻したのだ。

このような金泳三らの動きも一つの触媒となって、政界再編が開始され、やがて一九五五年に統合野党・民主党が結成される。金泳三は、この民主党内では、旧派に属した。金泳三がこれまで師事してきた張沢相は民主党に入党せず、ここから彼は自らの政治的師匠を旧派の領袖、趙炳玉に切り替える。

金泳三は民主党の中央委員二五名の一人に選出され、第二代の青年部長にも就任した。背景には、張勉が金大中に期待したように、趙炳玉もこの有能で豊富な資金力を持つ金泳三に多くを期待したことがあった。金大中と金泳三。自前の資金と実家の資金という違いはあるにせよ、二人の政治家の初期の経歴を考える上で、資金力は重要な意味を持っていた。

順風満帆に見えた金泳三の政治的経歴が最初の挫折に直面するのは、一九五八年のことである。最年少国会議員でありながら党幹部の一人でもあるという複雑な立場にあった金泳三は、この年行われた国会議員選挙で、党勢力拡張のため、自らの本来の地盤である巨済島から、釜山市西区に選挙区を移して立候補し、敗れたのである。

のちに金泳三は、この敗北は、自由党による投票箱すり替えの結果だったと記している。もっとも、一九五八年の国会議員選挙で民主党そのものは七九議席へと大きく躍進しているから、それは若年の落下傘候補に過ぎなかった金泳三が、投票箱のすり替えを阻止することのできる組織力と、政治的経験を有していなかったことの結果だったとするほうが正確かもしれない。

趙炳玉（1894〜1960）　第1共和国期，野党・民主党の2大派閥の一つ「旧派」の指導者．60年大統領選挙候補者．内務部長官などを歴任

こうして金泳三もまた、「四月革命」を落選状態で迎えた。しかし、そのことは金大中同様、金泳三に「四月革命」で何の役回りもなかったことを意味しなかった。否、金泳三の役割は、金大中のそれよりもはるかに重要だった。なぜなら、民主党の青年部長を歴任した金泳三は、「四月革命」で主要な役割を果たした学生たちと直接接触し、交渉する地位にあったからである。事実、一九六〇年の正副大統領選挙の直前、金泳三は、趙炳玉と学生組織の面会を極秘裏に斡旋し、自らが準備した資金を趙炳玉から学生たちに手渡すことに成

功している。「四月革命」の背後にはこうした野党の学生組織に対する積極的な働きかけがあったことも忘れてはならない。

とはいえ、金泳三は、学生たちの動きに対しても警戒を怠らなかった。たとえば、「四月革命」直後に存在した、「革命」を実現した学生たち自身が内閣を組織するという、「学生内閣」構想について、金泳三は次のように述べている。

鎮豊君、少し落ち着けよ。国務総理に某大学生二三歳、文教部長官二一歳、このようにずらりと出て、卜鎮豊長官二一歳、となるとわが国は一体どうなるのか。

（『金泳三回顧録』第一巻、一一三頁）

金泳三は、政治はあくまでプロの政治家、より具体的には国会議員たちの仕事であるという強固な信念の持ち主であり、学生たちの「暴走」には批判的だった。そして、一九六〇年七月二九日、新たなる「第二共和国」憲法下で行われた国会議員選挙で、金泳三は見事国会議員に返り咲いた。その二ヵ月後、彼は母を「日本への密航を企てた「北朝鮮の」スパイ」によって殺される悲劇に見舞われている。それはあたかも、順調だった金泳三の行く手に立ち込める暗雲の前兆のようだった。

大統領として——尹潽善

> 英国式紳士の評のある君は、英国の大学を卒業した知識人であり、謙虚淳正な性格と高潔な品性の持ち主であり、稀有な良心家として、与野党議員の尊敬を受け、世人の景仰の対象となっている。
>
> 君の議員生活では発言が少なく、一部では無為無能視する者もいないではないが、君の誠実な態度は、どのような人気取り戦術よりも有効である。発言もできないわけでもなければしないわけでもない。ただ発言回数がそれ程ではない、という程度のことである。
>
> （『人物界』一九六〇年一月号、三五頁）

金泳三が二六歳の若さで当選を果たした一九五四年の国会議員選挙。尹潽善もまた、この選挙で初当選を果たした一人だった。選挙区は、「政治一番地」ソウル市鍾路甲区。日本で言えば「東京一区」に当たる選挙区である。当時の韓国は一選挙区一当選者という小選挙区制を採用しており、尹潽善はのちに彼と野党党首の座を争う女性運動家朴順天《パク・スンチョン》、日本統治期からの啓蒙団体・興士団の領袖朱耀翰《ジュ・ヨハン》、さらには与党・自由党の張厚永《ジャン・フヨン》といった、錚々たる面々を相手に回して当選した。政党の所属は、野党・民主国民党。民主国民党自身は、この選挙で二〇三議席中一五議席と大惨敗を喫しているから、「政治一番地」での尹潽善の勝利は画期的だった。

しかし、尹潽善の当選後の働きは芳しいものではなかった。国会内では、「人気のなかった」外交委員会に自ら籍を置いた尹潽善は、冒頭の小評が示すように、発言回数も少ない存在感の乏しい議員だった。実際、彼自身も国会での活動には興味を持たなかったようで、「野党の議員にできることは何もない」と言い切るほどの割り切りようだった。

にもかかわらず、尹潽善の野党での地位は、この時期急上昇を見せることとなった。一九五五年の民主党の結党に当たって、初代議員部長の要職に就任した彼は五九年に開かれた正副大統領選挙直前の民主党大会では、六名しかいない党の最高委員の一人に就任した。当時の民主党は旧派と新派の二大派閥から構成され、各々の最高委員の割り当ては各三人である。つまり、尹潽善はこの段階で、旧派ナンバー3の地位を占めたことになる。ちなみに、旧派の一位は大統領候補趙炳玉、二位は国会に議席を持たない白南薫《ベク・ナムフン》。この序列は、のちに大きな意味を持つことになった。背景には、尹潽善が有する巨大な政治資金の存在があったと考えられる。

尹潽善は一九六〇年の「四月革命」に当たっては、馬山での大規模デモとこれに対する警察の「過剰鎮圧」について民主党の調査団長を務めている。当時の馬山の状況について、尹潽善は次のように述懐している。

馬山に到着してみると、市街地は混乱をきわめていた。それは最早デモの領域を超え、完全に革命というべき状態だった。法による秩序回復は不可能であり、馬山は興奮した群衆によって支配されていた。

（『孤独な選択の日々』四六五頁）

興味深いのは、尹潽善が群衆に対してあまり好意的な感情を持っていたように見えないことである。馬山到着後、「『事態を早く収拾して市民を犠牲にした警察を処分してください』という市民の要請を受けた」として、慶尚南道知事、馬山警察局長らとの交渉を行った彼は、当時の様子を次のようにも記している。

馬山３・15義挙（1960年３月15日）
慶尚南道の港湾都市・馬山は野党・民主党の重要基盤の一つだった．民主党馬山支部の呼びかけによってはじまったデモは全国に波及，李承晩政権は打倒される

この過程で、大きな困惑もあった。会議場を取り巻いていた群衆が、会議の結果を早く発表せよとして、投石を行ったり、送電線を切断したり、果ては暴力を振るうなど、乱暴な行動に出たのである。私は直接被害こそ蒙らなかったも

の の、馬山市民の感情がどれほど激していたかを知ることができる出来事だった。
（同前、四六五頁）

尹潽善は、このような状態のなか、市民とともにデモの先頭に立つのではなく、「市民を代表して」行政や李承晩政権と交渉する道を選び続けることになる。しかし結局、尹潽善は、「感情が激していた」馬山市民と、あくまで事件は背後にある共産党勢力の仕業であると強弁する李承晩政権との間で、目ぼしい成果を挙げることのないまま、ソウルへ戻った。彼は、事態は共産党によるものではなく、むくの「愛国市民」によるものだとの報告を国会で行っている。

そして、デモがついにソウル市内でも最高潮を迎えた四月一九日、尹潽善は、国会で自由党穏健派の領袖、李在鶴《イ・ジェハク》と会談を行った。事態は逼迫《ひっぱく》しており、誠実な対応が必要だとの言葉を残して国会を出た尹潽善は、状況を次のようにも記している。

この言葉を残して、私は街に出て市内を見て回った。これを見て自由党議員たちは、私が市内でデモを煽動している、と噂した。
（同前、四六六頁）

尹潽善は、一貫してデモ隊から距離を置き、彼らを見下ろすように行動した。そうして訪れた一九六〇年七月二九日の国会議員選挙。三度目の国会議員選挙に当選した尹潽善は、いつしか、旧派の最高指導者の一人となっていた。趙炳玉の死去により、旧派内部における尹潽善の序列は、白南薫についで二位、国会に議席を持つ最高委員としては第一位にまで上昇していたからである。尹潽善は、趙炳玉の右腕だった柳珍山《ユ・ジンサン》の支援を得ることにより、趙炳玉が残した政治資金と派閥も獲得した。

　とはいえ、それだけでは、彼が李承晩政権崩壊後の「第二共和国」の最高権力者の地位を窺うには十分ではなかった。なぜなら、旧派の領袖、趙炳玉が死亡した後も、新派の側では、現職の副大統領張勉が健在だったからである。これに対して趙炳玉死去後の旧派には、いくつかの派閥内派閥が存在し、なかでも、尹潽善と柳珍山を中心とする勢力と、大韓民国初代財務部長官だった金度演を中核とする勢力は、大きな存在感を有していた。

柳珍山（1905〜74）　第1共和国期から第4共和国期にかけての野党政治家．1971年には最大野党・新民党の総裁に就任した

　そして旧派内で一つの妥協が成立する。前提となるのは、第二共和国が実質的な議院内閣制を採用していたことである。そこでは、国会で選出される大統領の下に、大統領によって任命され国会で承認される国務総理が実質的な権力者として存在した。そして旧派では、この二つの主要ポストのうち、形式的な元首である大統領に尹潽善を、そして実質的権

尹潽善（左）と張勉（右）（1960年10月1日） 李承晩政権の崩壊後成立した第２共和国は，形式上の元首である大統領の下に，実質的な権力を有する国務総理が存在する責任内閣制を採用した．しかしその政治は，与党の２大派閥，「旧派」と「新派」の対立によりたびたび機能不全へと追い込まれた

力者である国務総理に金度演を就任させることで、派内の意思を統一させたのである。

この一見、尹潽善にとって不利な取引は、しかし、合理的な計算に基づいたものだった。なぜなら、新派が国務総理に張勉を立ててくることは明らかであり、これに勝利することは困難だという計算が、尹潽善や柳珍山にはあったからである。だからこそ、尹潽善は張勉との正面対決を避け、無難に大統領職を目指した。そして、尹潽善らの計算は見事に的中した。新派は、国務総理選挙での尹潽善の協力を期して、大統領選挙で彼を支持し、尹潽善は大統領に就任する。尹潽善はただちに、国務総理として同じ旧派の金度演を推薦したが、金度演はわずか三票の僅差で国務総理としての承認を受けることに失敗し、尹潽善は代わって新派の張勉を国務総理に推すことになる。張勉は当選に必要な得票数を三票上回って当選し、第二共和国の実質的な権力者としての地位を手に入れる。

いずれにせよ、尹潽善はこうして大韓民国の大統領に就任する。彼がこの名誉ある、しかし実権のない地位にどの程度満足していたかはわからない。だが、尹潽善はこの大統領としての地位さえ、わずか一年あまりで失うこととなる。尹潽善を大統領の座から追い落とした男。彼はまだ「うずくまる猛獣」のように身を潜めていた。

第4章　五・一六軍事クーデタ――一九六一～六三年

軍部の決起――朴正熙

親愛なる愛国同胞の皆さん。

これまで隠忍自重してきた軍部は、今未明を期していっせいに行動を開始しました。そして国家の行政、立法、司法の三権を完全に掌握し、つづいて軍事革命委員会を組織しました……。腐敗した無能な現政権と既成政治家たちにまかせておけないと断定し、ふたたび百尺竿頭《かんとう》でさまよっている祖国の危機を克服するために軍部は決起したのです。

(『わたしの自叙伝』一六四頁)


一九六一年五月一六日、ソウル市をはじめとする韓国の国民は、このただならぬ放送で目を覚ました。韓国の国営放送であるKBSがこの放送を流したのは、午前五時半。すでにそ

5・16軍事クーデタ　ソウルの要衝を占拠する戦車．1961年5月16日，朴正熙少将らによる軍事クーデタに参加したのはわずか3600人に過ぎず，政権内部に大きく助けられた上での成功であった

の三〇分ほど前に、KBSはクーデタ部隊によって占拠されていた。ソウル市内の主要機関のなかでも、KBSはクーデタ部隊が最初に占領した機関の一つだった。

そして、もちろんそのことには理由があった。朴正熙陸軍少将らとともにクーデタに決起したのは、わずか三六〇〇名の兵士。言い換えるなら、彼らにはこのわずかな兵力で断行した軍事クーデタが、あたかも韓国軍の総意であるかのように取り繕う必要があったからだ。KBSの早々の占拠と、自らの試みを「軍部が」「いっせいに行動を開始」したと表現してみせたことには、逆に彼らが自らの勢力の小ささをよく自覚していたことが表れている。

朴正熙、そして彼のクーデタを支えた人びとは、なぜにこの成功さえ覚束ない、危険なクーデタへと歩を進めたのだろうか。

先に述べなければならないのは、朴正熙やその周囲の人びとがクーデタを計画したのは、このときが初めてではなかったということである。ある論者によれば、朴正熙が最初にクーデタを考えたのは、釜山政治波動当時の一九五二年。朴正熙は一九五〇年代後半にも同様の計画を有しており、一九六〇年から六一年五月一六日までには実に四回のクーデタを計画したという。

彼らはなぜこれほどまでにクーデタを欲したのだろうか。そのことを理解する上で鍵となるのが、李承晩政権崩壊の直後、朴正熙が、当時の陸軍参謀総長宋堯讃《ソン・ヨチャン》に、一九六〇年の不正選挙への関与の責任を取って辞任せよと書簡で要求した事件である。宋堯讃は、陸軍内における数少ない朴正熙の理解者であり、また、一九六〇年の不正選挙でも極力、政治からの軍の中立を守ろうと努力した軍人だったから、この要求は奇妙に思える。背景にあったのは、「四月革命」に合わせて軍の体制を一新しようという朴正熙らの考えだった。つまり、その辞任要求は、宋堯讃という個人に向けられたものではなく、総責任者である総参謀長が身を引くことにより、陸軍人事が一新されることを期待してのものだった。このような彼らの運動は、「清軍運動」と呼ばれた。

そして朴正熙らのこのような行動の背後には、彼らの軍に対する不満が存在した。朴正熙自身が、「粛軍」運動の最中に南朝鮮労働党員として処罰され、その後もこの影響を受けて昇進が遅れたことについてはすでに述べた。また、一九六一年のクーデタで朴正熙を支えクーデタを具体的に計画したのは、金鍾泌《キム・ジョンピル》中佐ら、陸士八期生を中心とする青年将校たちだった。

朴正熙（右）　クーデタ直後

一九四八年、大韓民国建国後に初めて陸軍士官学校に入学し、朝鮮戦争の最中に任官した陸士八期生は、自らこそが真の大韓民国陸軍士官学校の第一期生であるという自負を強く持っていた。にもかかわらずその地位は、彼らが任官してまもなく朝鮮戦争が終わったこともあり、中佐か、せいぜい大佐にとどまっていた。朝鮮警備士官学校第一期生の入学が一九四六年五月一日。わずか二年あまりの入学年時の差が階級を大きく分けたことに、彼らは不満を隠さなかった。

このようななか勃発した「四月革命」は、政界の再編にともない、軍でも人事が一新されるのではないか、との希望を彼らに与えることになった。第二共和国における最高権力者である国務総理指名が行われる直前、彼らは旧派側の国務総理候補だった金度演と面会し、朴正熙を参謀総長に推すとともに、中将以上の将校を例外なく予備役に編入することを主張した。一九六〇年九月九日にも、朴正熙、金鍾泌らは国防部に出向き、玄錫虎《ヒョン・スクホ》長官に面会を求めたと言われている。しかし、長官は不在で彼らは面会することができなかった。

結局、「四月革命」は、軍の人事一新には繋がらなかった。こうして一九六〇年九月一〇日、朴正熙らは、有名な「忠武荘《チュンムジャン》決議」を行い、軍事クーデタを行うことを決定する。張勉が国務総理に就任し、第二共和国が本格的に出発したのが八月二三日であるから、そのわずか一八日後の出来事であった。つまり、彼らは第二共和国が出発するとまもなく、その打倒を決議したことになる。

当然のことながら、このような朴正煕らの動きは、ときの政府・軍上層部の一部、そして、アメリカ政府の警戒を招くこととなり、結果、彼らは一九六一年五月末を期して、予備役に編入されることになっていた。その意味で、五月一六日に決行されたクーデタは瀬戸際に追い込まれた彼らの大きな賭けだったのである。

クーデタ勢力との「協力」――尹潽善

この無謀としか思えないクーデタが成功したのには、いくつかの理由があった。その一つは、クーデタ勃発の噂を、陸軍の総責任者である張都暎参謀総長が「私が参謀総長にある限りクーデタはない」として繰り返し否定し、国務総理である張勉もまたそれを鵜呑みにしていたことである。張勉は、朝鮮戦争終結後も、依然、米軍を中心とする「五万人の国連軍が駐屯しており、国連軍司令官が作戦指揮権を握っている状況下で、クーデタは起こり得ない」と安心しきっていた、と言われている。

だからこそ、張勉と張都暎のクーデタ直後の対応は、対照的な、しかし同様に混乱したものとなった。クーデタの第一報を聞いた張都暎は憲兵隊を動員、いったんはクーデタ部隊を阻止しようと試みた。しかし張都暎は、朴正熙からクーデタの趣旨を説明され、彼自身をクーデタ後の政権の中心に担ぎたいという意向を伝えられると、たちまち姿勢を一変させ、クーデタ側に回った。しかし、期待とは異なり、実際には張都暎は、軍全体がクーデタを支持しているという既成事実をつくり上げるために利用されたに過ぎなかった。だからこそ張都暎はクーデタ勃発からわずか三ヵ月後、軍事政権から放逐されることになる。

張勉の対応はより無様だった。張勉は、クーデタの第一報を聞くや否や、自らの居所としていた朝鮮ホテルの第八八号室から脱出し、行方を晦《くら》ました。張勉の「脱出」は完璧であり、米軍さえその所在をつかむことができなかった。クーデタ勢力の逮捕を恐れた彼は、女子修道院に身を隠し、五五時間あまりにわたり、国家指導者としての役割を放棄したのである。

張勉国務総理が姿を消し、張都暎参謀総長がクーデタ側に寝返った状況のなか、自らの職責にとどまった人物がいた。すなわち、大統領・尹潽善その人である。しかし、尹潽善の姿勢もまた微妙だった。クーデタ直後、尹潽善はあたかもそれを予知していたかのように、「来るべきものが来た」と述べたと言われている。背景には、やはり旧派と新派、より正確には、民主党から旧派が飛び出してつくり上げた新党・新民党と、民主党の対立があった。「忠武荘」決議の直前、朴正熙らが旧派のもう一人の領袖金度演と面会していることからもわかるように、朴正熙らは元来、相対的に旧派に近い関係にあった。背後には、亡き旧派の領袖趙炳玉の政治的基盤が、朴正熙の生まれ故郷である慶尚北道にあったことがあったかもしれない。尹潽善はアメリカ代理大使グリーンや、韓国軍内で最大・最強の部隊を指揮する第一軍司令官・李翰林中将が、クーデタ鎮圧のために求めた出兵許可にも首を横に振ったと言われている。その理由は、韓国軍が同士討ちを行っている間に、北朝鮮軍が侵攻してくる危険性がある、ということだった。

　尹潽善の真意はわからない。ともあれ尹潽善は、クーデタ後も大統領職を降りず、また、朴正熙らも彼に辞職を求めなかった。彼らは「憲法機関」としての尹潽善の大統領の地位を利用して、自らの合法性を「仮装」しようとしたのである。しかしそのことは、当時の尹潽善には大統領として自らの意志に基づき行動する自由が存在しないことを意味していた。結局、クーデタへの協力は、尹潽善の立場を、第二共和国下の実質的な権力を持たない、しかし行動の自由を有する形式的元首から、権力も行動の自由も持たない形式的元首へと転落させただけだった。仮に、尹潽善がクーデタを自らが実質的な権力を握るためのきっかけとして利用しようとしたのなら、それは明らかな誤りだった。

下野声明を発する張勉国務総理

　こうしてクーデタ勢力への不満を募らせた尹潽善は、やがて彼らとの訣別を決意する。しかし、クーデタ勢力は、尹潽善の辞職に際して、一つの法律に署名せよという条件をつけた。法律の名は、「政治活動浄化法」。軍事政権が指名する四三七三名にも及ぶ政治家たちの活動を禁止し、その再開に当たっては、軍事政権の許可を得なければならないとする法律だった。これにより大多数の政治家の政治活動が禁止され、その禁止は張勉を含む一部の人びとの政治生命を奪うことになる。だが、この法律による政治活動禁止は、尹潽善自身には適用されなかった。

クーデタ勢力への協力と、「政治活動浄化法」への署名。この二つは尹潽善にとって後々まで大きな重荷として作用することになる。

政治活動浄化法のなかで——金泳三

民主、新民の二党体制がそれなりに落ち着いている頃だった。私は国会が休会中のとき、故郷に戻ると船に乗り海に出て漁場の仕事を手伝うのが好きだった。〔中略〕一九六一年五月一六日の明け方、私は巨済島沖の漁場で、船乗りと漁労作業を見回っていた。そのとき、海の天気を聞くためにつけていた大きなトランジスターラジオから日本の放送局のアナウンサーの声が流れてきた。「布告令何号…」。私はどこの国の話なのか耳を疑った。あまりにもとんでもないことだった。

(『金泳三回顧録』第一巻、一二六頁)

金泳三は朴正熙らのクーデタの第一報を、日本のラジオ放送で耳にした。慌てて韓国のラジオに周波数を合わせた彼は、「車はスピードを落として通行してください」と連呼するクーデタの発生を告げる非常放送を聴いて愕然とする。軍事政権は、その日のうちに国会を解散し、金泳三は議員バッジを失った。

当時の金泳三は、民主党から旧派が分党してつくられた新民党の院内副総務兼青年部長であった。一九五五年の統合野党・民主党結党に際して、張沢相から趙炳玉へと自らの政治的師匠を乗り換えた彼は、一九六〇年の趙炳玉の死後、今度は、この趙炳玉の勢力を継承した柳珍山の下に馳《は》せ参じることとなっていった。

しかし、金泳三の政治的経歴はここでいったん挫折することを余儀なくされた。尹潽善が「強要」された「政治活動浄化法」により政治活動が禁止された四三七三名の政治家のリストに、彼の名も入っていたからである。先述のようにこの法律に該当した政治家が、再び活動を開始するには、軍事政権からの承認が必要だった。軍事政権は、このようにして旧来の政治家の活動を停止させる一方、自らは密かに新与党・民主共和党の結党を準備していた。そしてそこに、当時の韓国社会に広く名を知られた、さまざまな人びとが取り込まれていくことになる。

軍政反対デモ　軍政への反発は根強くあった

金泳三はこのような軍事政権による新与党構想に向けた取り込み工作の、主要なターゲットの一人と目されていた。第二共和国期の金泳三は、新民党やそれに近い立場にあった無所属の少壮議員たちと力を合わせるかたちで、「清潮会」なる政党内組織をつくり、政治浄化運動に取り組んでいた。「四月革命」以後の韓国社会には、さまざまな「社会刷新運動」が存在しており、軍内の「清軍運動」や政党内における政治浄化運動は、その意味で同じ時代環境が生み出したものだといえた。そしてだからこそ、「清軍運動」に由来する軍事政権は、同じ「社会刷新運動」に基盤を持つ、政治浄化運動の指導者に目をつけた。当時の状況について、金泳三はのちに次のように回顧している。

ある日、中央情報部［軍事政権によってこの時期新たにつくられた情報機関。KCIA］ソウル支部長という人が真夜中に私を訪ねて来て、清潮会同僚が署名したという五・一六クーデタに対する支持声明文を見せてくれた。彼らの筆跡をよく知っていた私は驚いた。私は絶対に署名できないと、きっぱりと断った。［中略］その日以後、私は清潮会メンバーがたびたび集まった「白い喫茶店」へもぱったり行かなくなった。

（同前第一巻、一三〇頁）

一九六三年に入ると、軍事政権は民政移管を準備し、それにともない金泳三の政治活動禁止も一九六三年二月一日には解除された。しかし、軍事政権の民政移管に対する「腰」は座っておらず、彼らは三月一六日、軍政の延長と政治活動の再禁止を発表する。

三月二二日、野党政治家はこれに抗議するデモを行い、金泳三もこれに参加した。彼は軍事政権の布告に違反したことにより、即刻逮捕され、西大門刑務所に収監された。とはいえ、このときの金泳三の逮捕は重大な結果へとは繋がらなかった。なぜなら世論の反発とアメリカの強い抗議により、朴正熙は先の「三・一六声明」を撤回する「四・八声明」を発表し、結局、金泳三も釈放されることとなったからである。そのまま収監されていれば、無期か死刑の判決が下されていただろう、金泳三はそうのちに述懐している。

こうして政治活動に復帰した金泳三は、旧派の政治勢力が結集してつくられた民政党のスポークスマンに就任する。同党の大統領候補は尹潽善。しかしここで、野党は二つの致命的ともいえる戦略的ミスを犯す。その一つは、野党側が、このとき新しくつくられた与党・民主共和党とその大統領候補である朴正熙の政治力を過小に評価し、旧派系の民政党、新派系の民主党、さらにはその他雑多な党派の連合体である、「国民の党」や自由民主党など、さまざまな党派に分裂して選挙に臨んだことである。この結果、野党の得票は分散し、彼らは大統領選挙と国会議員選挙の双方で、民主共和党と朴正熙に漁夫の利をさらわれることとなる。

もう一つは、大統領選挙でもっとも有力な朴正熙への対抗馬であった尹潽善が、朴正熙に南朝鮮労働党員だった過去があることを暴露するネガティブ・キャンペーンに訴えたことである。このようなキャンペーンは、かつて、李承晩が野党陣営に対して利用したものと酷似しており、国民に、尹潽善が政権を取れば、李承晩政権期同様の「古い時代」が戻ってくるのではないか、との思いを抱かせた。

こうして、金泳三の民政党は朴正煕の前に敗北し、「第三共和国」は朴正煕を大統領として出発することになる。しかし、それは金泳三にとっては、朴正煕との長い戦いの第一幕でしかなかった。

「新派」の若手幹部へ――金大中

こうして張勉内閣が成立しました。私は議席はありませんでしたが、今回は与党となった民主党の代弁人（スポークスマン）に、張勉総理から一〇〇人以上いる国会議員を飛び越えて指名されました。副代弁人としてのこれまでの働きが認められたのだと思います。

（『わたしの自叙伝』一五一頁）

張勉の国務総理就任と同時に、金大中は民主党のスポークスマンに就任し、正式に与党の幹部入りすることとなる。金大中は不人気だったこの政権を擁護すべく、韓国各地で壇上に立ち、獅子奮迅の働きをした。たとえば、米韓経済協定をめぐって、革新系のメディアや政党から政府が猛攻撃を浴びたときの状況について、彼は次のように書いている。

しかし、ここでくじけてはいけないと思い、勇気と自信を持って米韓関係の大切なことを説き、この改定が国を売るものではないことを説得しました。はじめは騒いでいた聴衆もしだいに私の話に耳を傾けてくれました。そして最後には私の演説に熱烈な拍手で答えてくれたのでした。［中略］

私はこのとき、正しいことは信念を持って話せば国民に理解してもらえるのだ、という確信を得ることができました。（同前、一五九頁）

こうして存在感を増していった金大中は、一九六一年五月一三日、麟蹄での補欠選挙でついに国会議員初当選を果たした。五月一四日に正式に当選証書を受け取った金大中は、翌日、各方面へのお礼回りを行い、一六日にソウルへと向かう予定だった。

そしてその五月一六日。金大中は、クーデタの第一報を麟蹄の民主党支部からの一報で知ったと記している。詳しい事情のわからないまま、金大中はともかくソウルへ向かった。途中の車中での出来事として、金大中は次のようなエピソードを記している。

ソウルに近づいたころ、ラジオのニュースを聞くと、アメリカのマーシャル・グリーン代理大使と国連軍のマグルーダ司令官（駐韓のアメリカ第八軍司令官兼務）が共同声明を出して「アメリカは張勉内閣を支持している。このクーデターは認められない」旨を明らかにしていました。私はそれを聞いて、これで一安心だと思いました。すぐに反乱軍は鎮圧されるだろうと考えたのです。（同前、一六五頁）

しかし、金大中が考えたようにはことは運ばなかった。ソウルに到着した金大中は、とりあえず議員としての登録だけは行おうとしたものの、国会はすでに前日の軍事革命委員会の布告により、解散になっていた。つまり、金大中は国会議員に当選したものの、一度も国会に出席することもなく、その職をわずか二日で失ったのである。

まもなく、金大中は、軍事政権に「腐敗した民主党政権」の幹部の一人として逮捕され、収監された。取調べの内容は、民主党の政治資金の出所、そして、金大中自身の南朝鮮労働党との関係だった。金大中は三ヵ月にわたって取調べを受け、釈放された。

釈放された金大中は、金泳三同様、政治活動を禁止され、「何もすることができ」ないまま、時を過ごすことになる。この頃金大中は、二人目の妻、李姫鎬と結婚した。一九六二年五月一〇日のことである。金大中より一歳年上の李姫鎬はこの「政治活動浄化法のために政治活動はでき」ず、「無職で将来の希望もなかった」金大中との結婚が大変な冒険だったと当時を振り返る。そして李姫鎬の心配の通り、金大中はこの結婚の直後に、軍事政権による二回目の逮捕を経験する。

また、一九六三年二月、金泳三同様金大中も、中央情報部に呼ばれ新与党・民主共和党への入党勧告を受けている。これについて金大中は、民主党のスポークスマンだった自分が「民主党は駄目だった、共和党が一番だ」ということはできないとして拒絶した、とのちに語っている。当時の民主共和党は、できるだけ多くの若手政治家を自らの側に引きつけようとしていた。そのような若手政治家の一人として、彼らは金大中をもそのターゲットとしたのである。

金大中の政治活動は、金泳三よりも約四週間遅れた一九六三年二月二七日に解禁され、彼はかつての民主党重鎮たちと、党の再建に取り組むこととなる。しかし、民主党にとって致命的だったのは、尹潽善（民政党）、金度演（自由民主党）といった旧派の重鎮たちの政治活動が早々に解禁、あるいは当初から制限されなかったのに対し、新派の領袖張勉の政治活動が、結局解禁されなかったことだった。

やむを得ず民主党は、日本統治期からの長い活動歴を持つ女性政治家朴順天を領袖に仰ぎ、党再建へと乗り出すことになる。しかし当時の韓国の政治状況は、女性政治家が大統領を狙い得る状況にはなく、民主党は、一九六三年の大統領選挙には候補者を立てることすらできなかった。民主党は、同じ年の国会議員選挙でも一三議席と惨敗し、その勢力は大きく低迷することになる。

もっとも金大中自身は、この選挙で一九五四年の選挙以来、実に九年ぶりに故郷木浦から立候補して大勝した。しかし、その勝利の翌一九六四年、金大中は、異なる窮地に陥ることになる。

第5章　日韓国交正常化——一九六四〜七〇年

反対運動の先頭で——李明博

現代財閥の一等功臣、李明博《イ・ミョンバク》（第一四代国会議員、新韓国党、当時高麗大学商学部学生会長）の「神話」はここからはじまる。学生代表の青瓦台面談を契機に、李明博という名前が朴大統領に記憶され、これが鄭周永《ジョン・ジュヨン》氏（現代グループ名誉会長）に伝わり、「高速出世」の端緒になる。これが「李明博神話」の知られざる事実である。

彼は一九六四年四月頃と記憶する青瓦台での面談を次のように述懐した。

「学生代表はおよそ六名ほどだったと思います。私たちは反政府的な主張よりも、論理的な韓日会談の問題点を指摘したのです。私は商学部の学生代表として、主として経済的な問題を提起しました。

中学生時代の李明博（右）

その後投獄され、出獄後も就職もできないまま、家にいたところ、偶然、現代建設の海外派遣新入社員募集広告を目にしました。ただちに応募すると、合格はしたのですが、学生運動の前歴のために、青瓦台の審査にかかることになりました。私は、イ・ナクソン青瓦台民政担当補佐官（故人）にお会いした席で『個人が実力で生きてゆこうとしているのに、どうして国がその邪魔をするのですか』と抗議しました。私の理解では、これが青瓦台に報告され、条件付きで採用になったのだと思います」

（『今日の韓国政治と六・三世代』五八頁）

李明博が韓国政治に初めて登場するのは、日韓国交正常化への反対運動からだった。右の文章にもあるように、当時の李明博は、韓国の名門私立大学、高麗大学商学部の学生会長。「四月革命」の学生運動でも中心的な役割を果たした高麗大学は、この日韓条約に対する反対運動でも中心的な役割を果たしていた。

とはいえ、李明博がここまでのぼり詰めるまでの道は、決して平坦なものではなかった。李明博は一九四一年一二月一九日、大阪府中河内郡加美村（現・大阪府大阪市平野区）の、養豚場で働く四男二女を持つ貧しい朝鮮人の三男として生まれた。父親は李忠雨《イ・チュンウ》、母親は蔡太元《チェ・テウオン》という。明博は戸籍上の名前で、伝統的な朝鮮半島の系図である「族譜」では、兄弟たちと同じく、「相」の字を用いた「相定」となっている。母親がスカートのなかに満月が入る夢を見て生まれたので「明博」とつけたのだと李明博本人は述懐しているが、のちにこの「日本的」な名前は、それが日本での定住を前提にしたものだったのではないか、との憶測を呼ぶことになる。

李明博の家族は日本敗戦後の一九四五年一一月に朝鮮半島に帰国した。帰国時には乗っていた引き揚げ船が対馬海峡で沈没し、一家は九死に一生を得た、という逸話も残されている。その後朝鮮戦争が起こると、一家は父親の兄弟を頼って浦項《ポハン》の興海《フンヘ》に居を移した。幼かった李明博は一家の家計を、マッチや韓国風のりまきの行商をして支えたという。当時について李明博は、栄養失調で倒れ、四ヵ月の間寝込んだこともあったと述懐している。

一家は「頭のよいことで村では有名だった」李明博の六歳上の次兄、李相得《イ・サンドゥク》（のちの国会副議長）を、ソウル大学経済学部に送り込み、その学費の負担のために浦項で貧困に耐えなければならなかった。この事情について、李明博の母は次のように言ったという。

　家の暮らし向きがよくないから、お前たち五人をみんな上の学校に進学させることはできないんだよ。かといって誰も上の学校に進学させられなければ、我が家に希望がなくなるから、一人だけ大学まで勉強させてあげることにするよ。ほかのみんなは学費を稼ぐことに力を合わせておくれ。

（『すべては夜明け前から始まる』四二頁）

それでも「クラスで一等を逃したこと」のなかった李明博は、放課後に父母の商売を助けながら勉学を続け、ついに両親から夜間高校だった同志《ドンチ》商業高等学校へ通う許しを得る。ただし、入学試験で首席になることが条件だった。それが学費免除の要件だったからである。李明博は見事この条件を満たすことに成功し、その後も三年間、首席の地位を保ったという。

しかし、それでも一家にとって希望の星は、李明博ではなく、次兄の李相得だった。一九六〇年、李明博が高校を卒業するとほぼ同時に、李明博とその一家は、李相得の「面倒を見るために」、「商売道具も一切合切」売り払って上京した。一家は、梨泰院《イテウォン》の貧民街に住んだ。この地域のすぐ隣には米軍基地があり、李明博の自宅近くにも米軍兵士相手の売春窟があった。「家」には一家が寝るスペースも満足になく、高校を卒業したばかりの李明博は自らが働く建設現場とその合宿所で寝起きしたという。

それでも大学への進学の希望を捨てなかった李明博は、のちに彼が復元作業をして有名になる清渓川《チョンゲチョン》沿いの古本屋で受験参考書を買って、高麗大学を受験した。首尾よく合格した彼は、母親が働く梨泰院の市場で知り合いからかき集めた入学金を、市場の掃除をして返却するという方法で確保した。こうして李明博は晴れて大学生になった。

日韓条約反対デモ　日韓条約締結への動きを，韓国の世論は日本への過大で屈辱的な譲歩だと受け止めた．とりわけ植民地支配への「補償」の額とあり方をめぐる不満は大きかった

しかし、大学入学後も、李明博の困窮生活は続いた。父母からの支援に加えて、自らもまた肉体労働に従事して学費を稼ぐことを余儀なくされた彼は「朝の四時に起きて夜中の一二時に家に帰る」という過酷な環境のなか、一九六三年には、商学部の学生会長選挙に当選する。この選挙に立候補した理由について、「どんなに苦しいなかでも、明るく生活しようと思ったから」だと回想している。

　しかし、学生会長への当選は、彼を新たな困難に直面させた。一九六四年六月三日、朴正煕政権は、学生たちによる日韓条約反対運動に脅威を感じてソウル市内全域に戒厳令を発布、高麗大学商学部学生会長兼総学生会会長職務代行としてデモに臨んだ李明博は、デモ首謀者の一人として逮捕されたからだ。李明博が収監されたのもまた、多くの人びとが収監されたのと同じ西大門刑務所だった。

　李明博は足掛け六ヵ月刑務所に収監され、最後には、大法院、つまり最高裁判所で懲役三年執行猶予五年の判決を受けて釈放された。李明博の逮捕による心労で母親は心臓病に倒れ、彼の釈放後に亡くなっている。

いずれにせよ、こうして学生運動を通じて一躍韓国社会に「名前を知られる」ことになった李明博は、皮肉なことに、彼がその統治に反対した朴正熙によって認められることになる。現代財閥の総帥・鄭周永は、朴正熙が李明博について次のように述べたと述懐している。

> 鄭会長、会社に李明博というのがいるだろう。困った奴だから、政治の方面に進むだろうと思っていたが、現代にいったという報告書が上がって来た。よろしく頼むよ。両親が田舎で苦労して勉強させたという話だから、ちょっと教育してやってくれ。
>
> (『小説　李明博』一七頁［インタビュー部分］)

その後、李明博は現代きっての敏腕社員として、鄭周永に重用され、東南アジアで中東で、そして韓国内で縦横無尽に活躍し、現代建設の社長、さらには会長にまでのぼり詰めることになる。

のちに「サラリーマンの神話」と言われるこの彼の出世劇の背景に、朴正熙の影がどの程度あるのかはわからない。しかし確かなことは、李明博が再び政治の世界に顔を出すまでには、まだ、しばらくの時間が必要だった、ということだ。

日韓条約と経済開発――朴正熙

しかし、どうして、朴正熙はこの時期に日韓国交正常化に取り組み、その試みは、人びとからの激しい反発を浴びることになったのだろうか。

そもそも、日韓国交正常化が大きな政治問題になったきっかけは、一九六四年一月一〇日、朴正熙によってなされた年頭教書演説だった。「強力な経済外交を積極的に推進し、より有利な条件でより多くの外資を確保し、通商を振興することによって国家経済再建に尽力する」。このように述べた朴正熙は、日韓関係について次のように強調した。

> 韓日関係では極東における自由陣営相互間の結束力強化のために、極東の安全と平和維持に寄与するという、大局的見地に立脚し、同時に両国間の善隣関係の樹立が相互の繁栄の前提を準備するのみならず、現在の国際社会における現実的な要請であることを勘案し、政府は現在進行中の韓日会談を早期妥結させるべく、超党派的な外交を推進するように努力する。
> （第三九回国会議事録第一〇号、七頁）

言うまでもなく、ここにいたるまで日韓の間には長い交渉の道のりがあった。そもそも日韓で国交回復のための最初の予備交渉が行われたのは、一九五一年。そこには朝鮮戦争を契機に急速に復興を開始していた日本との関係を正常化させ、「自由主義陣営相互間の強化」を実現しようというアメリカの思惑があった。この予備交渉を受けて一九五二年二月一五日から本交渉が開始され、以後、朴正熙政権下にいたるまで六次にわたる交渉が行われた。しかし、最初の四次の交渉は、日本側代表による植民地支配を正当化する発言や、李承晩政権の非協力的な姿勢により成果なく終わり、一九六〇年から開始された第五次交渉もまた、軍事クーデタにより中断された。

軍事政権は政権獲得直後から、日本との関係改善に積極的だった。実質的な交渉を担当したのは、中央情報部長官として政権ナンバー2の地位にあった金鍾泌だった。交渉は日韓両国の世論を刺激しないように秘密裏に行われた。背景には二つの目的があった。一つは、クーデタ後、不安定な状態にあった軍事政権の国際的地位を安定させること、もう一つは、深刻化する経済問題に対処するための開発資金を獲得することである。一九六〇年代序盤は、ちょうどアメリカが韓国への軍事的・経済的援助を減らして、ベトナムへの関与の度を増していく時期に当たっていた。朴正熙政権は去りゆくアメリカに代わって日本を朝鮮半島に引きずり込むことにより、自らの政権の安定と、韓国経済の発展を同時に実現しようとしたことになる。

こうして、軍事政権は日本に目をつけた。一九六一年一〇月と一一月には、日本側の大平正芳外務大臣と金鍾泌との会談が行われた。ここで有名な「金・大平メモ」が作成され、これまで両国関係正常化の最大阻害要因だった、植民地支配をめぐる「請求権」――韓国側の理解としては植民地支配への賠償請求権――にかかわる合意がなされることになる。

韓国の経済を立て直すためには「より有利な条件でより多くの」外資が必要であり、その

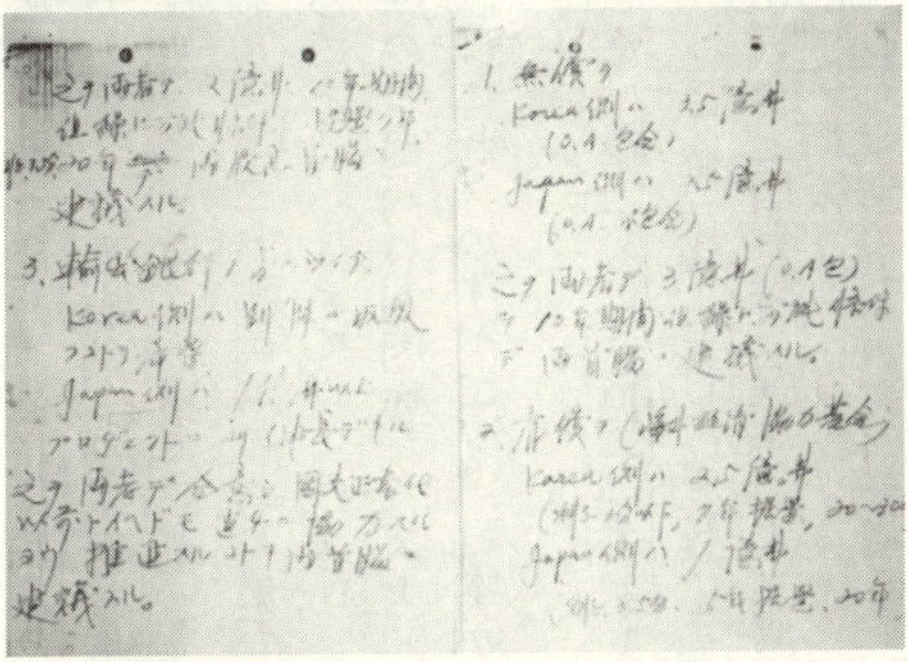

日韓国交正常化交渉（上）　戦後一貫して行われてきたが，朴政権成立以降，主に中央情報部長官・金鍾泌（中央）と大平正芳（右）の間で行われた
金・大平メモ（下）　この2人によるメモを通し，1962年12月11日に無償3億ドル，有償2億ドル，民間協力資金1億ドル以上という日本の“賠償”が確定した

ために は日本との関係正常化が必要である。しかし、このような朴正煕の意図は、当時の韓国社会では受け入れられなかった。最大の理由は、朴正煕政権と日本側が妥協した、「無償三億ドル、有償二億ドル、民間協力資金一億ドル以上」という「金・大平メモ」における合意金額が、李承晩政権の二〇億ドル、第二共和国期の三八億五〇〇〇万ドルという要求金額に比べてはるかに少なかったからである。加えて、この交渉に前後して、岸信介首相や大野伴睦自民党副総裁ら日本の政治家の一部が日韓関係を「父子」や「兄弟」にたとえたことも、韓国世論を刺激した。韓国の世論はこれらのすべてを、日本が韓国を軽んじていることの表れであるとして強く反発した。

だからこそ、李明博らが組織した日韓国交正常化反対デモも、世論から大きな支持を得ることとなった。「四月革命」により李承晩政権を打倒した学生運動は、再び政権を批判して立ち上がり、一九六三年の大統領選挙と国会議員選挙により成立したばかりの朴正煕政権は、早くも窮地に追い込まれたかに見えた。

「サクラ」と呼ばれて——金大中

友人や民主党の木浦支部の関係者は、私が「日韓会談のことを取り上げる」と言いますと、たいへん心配してくれました。「手加減して言ったらどうか」と言うのです。私は「この国にとって正しいことだと思えば、それを正直に言うのが政治家の務めではないか。たとえ一時的に疑惑の目で見られても、いずれはわかってもらえるだろう」と答えました。

（『わたしの自叙伝』二〇一頁）

このような状況の下、窮地に追い込まれたのは、朴正煕政権だけではなかった。なぜなら、韓国の野党のなかにも、韓国経済の建て直しのために、日韓国交正常化の早期実現が不可欠だと考えた人びとは存在したからだった。金大中はそのような野党政治家の一人だった。金大中はのちに当時を振り返り「いまは日本と韓国の国交の正常化を国家的利益を確保しながら積極的に図るべきときが来ている」と考えていた、と記している。

もちろん、そのことは、金大中が朴正煕政権の進めた日本政府との交渉内容について全面的に賛成だった、ということを意味しなかった。朴正煕政権が、これまでの歴代韓国政権の要求よりはるかに少ない、「無償三億ドル、有償二億ドル、民間協力資金一億ドル以上」で妥協しようとしていることには、金大中もまた批判的だった。しかし、彼はだからといって、学生運動の一部指導者たちが行ったように、朴正煕や金鍾泌を「売国奴」呼ばわりし、街頭デモで抗議することにも反対だった。当時、金大中は国会で次のように述べている。

この際、日本から一銭ももらわなくてもいいのではないか。韓国は貧しい国ではある

国会で質問する金大中（1964年４月21日）

が、貧しいなりに暮らしている。だから何ももらわなくてもいい、請求権などはけったほうがいい、日本から本当に心から謝ってもらえばいい、そして過去を清算したうえで再出発しよう。〔中略〕

韓国側が「一銭もいらないかわりに、貿易を一対一で公平にやろう」と言えば、日本の国民もきっと感動してくれるにちがいない。片貿易の是正は韓国にとって実利があるうえ、貿易がさかんになれば国内の産業も興る。第一、日韓の貿易収支は三億ドルでは埋められないほど韓国側は巨額の赤字を出しているではないか。しかもその三億ドルの無償経済協力金は今回の協定によると、一〇年に毎年三〇〇〇万ドルずつ均等割で日本は韓国に支払うことになっている。その一〇年間に片貿易の格差は三〇億ドル以上にのぼるだろう。われわれがその三〇億ドルの一〇分の一をもらって、「これが過去を清算した代金です」と言われて納得できるはずはない。

（同前、二一八～二一九頁）

しかし、このような金大中の主張は、朴正煕政権側にも、野党側にも受け入れられなかった。政府側からすれば金大中の議論は、抽象的であるのみならず、具体的な解決の糸口を欠いたものだった。日韓の貿易不均衡があることは事実であるが、これを政府間の約束により是正する、というのは不可能だった。

野党内強硬派や学生運動の立場から言えば、たとえそれが政権批判のためのレトリックだとしても「請求権」を一切放棄せよ、という金大中の議論は暴論でしかなかった。やがて彼らは金大中を、野党議員の身でありながら、日韓条約反対運動を攪乱する、「与党側からの回し者」と見なすようになる。

当時の野党強硬派は、このような金大中らを日本語の単語をそのまま用いて、「サクラ」と呼んだ。金大中は当時の苦しみを次のように綴っている。

> 私の家内も外出先で知人から「あなたの夫は政府与党の手先になっている」とあからさまに非難されたことが再三再四あったといいます。小学校に通っていた二人の子供も友達から悪口を言われて帰ってきました。
> 「死ぬほどつらい」というそのつらさを、あのころ味わいました。信念を通すことのむずかしさ、そしてその信念をわかってもらえないつらさを、ともに味わったのです。
> （同前、二〇三頁）

日韓条約のもう一つの側面——金泳三

韓日両国の国交正常化に反対するのではない。韓国併合のような国交正常化に強力に反対するのである。平和線［李承晩ライン］は我々の主権線であり、生命線である。［中略］平和線の譲歩を前提とする現在の態度に固執するならば、国家利益のために、国民とともに全国民的な反対運動に立ち上がろう。（『今日の韓国政治と六・三世代』九三頁）

朴正熙が年頭教書で日韓国交正常化の意を明らかにした当時、金泳三は、金大中と同じ党スポークスマンの地位についていた。金泳三が所属する民政党は党首・尹潽善の意向もあり、金大中の民主党よりも、はるかに日韓国交正常化に対して厳しい姿勢を維持していた。冒頭の文章は、二月一〇日、その民政党がスポークスマンである金泳三の名前で発表した文章の一説である。

興味深いのは朴正熙政権の進める日韓国交正常化交渉に反対する民政党の理由が、すでに述べたような植民地支配の清算などをめぐるものとは異なっていることである。なぜなら、ここで金泳三が強調しているのは、明らかに植民地支配の清算よりも、「平和線」、つまり李承晩政権期の一九五二年、当時の韓国政府によって海上に引かれた「李承晩ライン」の堅持だったからである。

もちろん、それには理由があった。朴正熙政権が日韓国交正常化の意を表したとき、最初にこれに反対したのは、韓国の漁民たちだったからである。そしてそれは当然だった。植民地支配の清算にともなう問題は、結局は、日本側の「過去」に対する「謝罪」の「形式」と、その「賠償」の「金額」をどのようにするかにかかわる問題だった。「金額」は交渉が可能であり、それゆえ議論が可能だった。

李承晩ライン　1952年1月以降，韓国が公海上に一方的に設定し，日本漁船はしばしば拿捕された．韓国にとっては有望な漁場確保と漁業設備・技術の劣勢を補うものでもあった．写真は交渉を担当した赤城宗徳農相の国会での答弁（1965年3月25日）

しかし、「平和線」にかかわる問題は性格を異にしていた。当時の国際社会における常識だった領海三海里の外はもちろん、今日の排他的経済水域の境界線である二〇〇海里まで飛び越えた向こう側に一方的に引かれた「李承晩ライン」を、韓国側が国交正常化交渉で日本側に認めさせることは不可能だったからである。

しかし、「平和線」の譲歩は、韓国の漁民

にとって、漁場、特に済州島沖を中心とする有望な漁場の喪失を意味していた。当時の日韓両国の間では、漁業設備や技術に大きな差があり、韓国漁船が日本漁船と張り合って漁場を維持することは困難だった。だからこそ、韓国の漁民は「平和線」とそれによる排他的漁業水域の維持を求めて声を上げた。当時の民政党の声明文に金泳三自身の意図がどの程度表れているかはわからない。しかしそこに巨済島の大網元の息子として、漁民の意見を代弁する必要があった彼の立場を読み取ることは難しくない。

もちろん、金泳三もやがては「平和線」の問題を離れて、「請求権」の問題、さらには、このような日韓条約交渉を行った朴正熙政権そのものへの批判へと足場を移していく。最大野党・民政党の青年部長として、野党側から学生運動に資金を供給し、これを操縦する役回りを演じる彼は、本来なら野党強硬派と学生運動をつなぐ最大のパイプとなるはずだった。しかし、やがて、学生運動は金泳三の手を離れていく。その背景には、学生運動の野党に対する深い失望があった。その失望はどこから来たのだろうか。

強硬路線の限界——尹潽善

民政党の党風刷新のためにも党に害を与え、与党に同調する輩をとどめ置くことはできない。彼らは除名されるべきである。もしもわが党内にいわゆる「サクラ」がいるという風説をそのままにするというなら、私は党代表の地位を退くしかない。
（『孤独な選択の日々』三〇一頁）

金大中が「サクラ」として世論の指弾を受け、金泳三も民政党青年部長でありながら、次第に学生たちの信望を失っていった頃、野党内最強硬派として、朴正煕政権批判の最先鋒に立つ政治家がいた。前大統領・尹潽善、その人に他ならない。

このような尹潽善の行動は、一見奇妙に見える。なぜなら、彼こそが朴正煕らによる軍事クーデタ直後、軍事政権ともっとも密接な関係を持ち、これを正統化する役割を果たした人物だからである。もちろん、それには理由があった。尹潽善は当初、軍事政権が自らと「協力」し、自らを大統領として「尊重」してくれるものと考えた。しかし、現実はそれほど甘くはなく、やがて軍事政権は尹潽善と対立するようになり、彼を大統領の地位から追い出した。誰もが羨む朝鮮半島有数の資産家に生まれたプライドの高い「温室」育ちの彼にとって、それは、人生における最大の屈辱に他ならなかった。

だからこそ大統領職辞職後の尹潽善は、この屈辱を晴らすべく、朴正煕政権に対する批判を強めていく。このような尹潽善の傾向をさらに強めたのは、一九六三年の大統領選挙における敗北だった。尹潽善は次のように述べている。

私は敗北したものの、自分が真の敗北者だとは少しも考えはしなかった。当時の全国の世論が、つまりは、この選挙は公明選挙ではなかったということに集約されたことからもわかるように、勝者と敗者は投票によってではなく、不正によってつくられたものである。このことを否定できる者はいないであろう。（同前、二五八頁）

結局、尹潽善はクーデタ勢力により大統領職から放逐されたことを承服できず、また、大統領選挙の敗北も認めることができなかった。しかし、すでに述べたように、このときの大統領選挙、そして続く国会議員選挙で野党が敗れた理由の一つは、野党の分裂であり、この分裂をもたらした責任の相当部分は尹潽善の行動にあった。

背景には、尹潽善による「政治活動浄化法」への署名があった。軍事クーデタ後、多くの野党政治家はこの法律により一時的に政治活動を停止され、その一部は政治的引退にまで追い込まれた。新派と旧派、民主党と民政党の別を問わず、この法律に署名した尹潽善に対する野党政治家たちの反発は大きかった。彼らの多くは、そのような尹潽善が「野党政治家の代表」として、朴正熙に挑戦することを望まなかった。

しかし、尹潽善は、前大統領としての権威と国民的人気を理由に、最後まで自らの立候補にこだわり、結局は野党を分裂させてしまうことになる。朴正熙と尹潽善の得票差はわずか一五万票余り。その差は、野党が一丸となって選挙に打って出ていれば、十分に逆転できるものだった。だからこそ、尹潽善はこの選挙結果を、あくまで朴正煕政権による不正の結果である、と言わなければならなかったのである。

こうして朴正煕政権に対する最強硬派となった尹潽善は、自らの大統領選挙戦に協力しなかった人びとを、朴正煕の権力維持に協力した「サクラ」であると批判し、彼らの与党への対抗姿勢の不十分さを非難するようになる。非難された人びともまた、尹潽善を「無責任な煽動政治家」として批判した。こうして野党は、対与党強硬派と穏健派に分裂する。

一九六五年当時、尹潽善に面会した学生運動指導者たちはのちに次のように記している。

強硬派のリーダー海葦〔尹潽善の号〕も彼らを同じく失望させた。学生たちは非主流側の話も聞かなければならないと考え、海葦の安国洞の自宅を訪問した。〔中略〕しかし、期待とは異なり、彼もまた韓日交渉の話を一言もせず、自らに対する反対派への批判に終始した。（『今日の韓国政治と六・三世代』二六九頁）

野党内「強硬派」、尹潽善は、その後も朴正煕政権との強硬な対決姿勢を主張した。野党は、いったん、この強硬姿勢でまとまることとなり、従来の新派と旧派、さらにはさまざまな党派の別を超えた統合野党・民衆党が成立する。しかし、尹潽善の強硬路線は、この統合野党さえ分裂させた。

日韓基本条約調印（1965年6月22日） 握手する李東元外相（左）と佐藤栄作首相（右）．朴正熙政権はこの条約で獲得した円価の大部分を国庫に納入，その後の経済発展への資金に利用した．他方，この条約によって韓国政府が責任を負った植民地支配当時の被害者への補償は，限定的な範囲に留まった

一九六五年七月、尹潽善は日韓条約の批准にかかる国会審議に先立ち、野党議員が総辞職して抵抗することを主張し、自ら民衆党を脱党する。当時の憲法では国会議員にいずれかの政党への所属を義務づけており、所属政党からの脱党はすなわち議員辞職を意味していた。結局、尹潽善に続いて七名の議員が脱党した。彼らはのちに新党・新韓党を立ち上げることになる。

しかし、大部分の野党議員は、このような尹潽善の強硬な姿勢についていくことはできなかった。金大中や金泳三をはじめとする政治家は、政治家の活躍の場は、国会にこそあり、国会議員としての資格なくして政治活動を行うことは不可能である、と考えていた。

彼らは与党の独走を批判して国会の審議をボイコットしたものの、国会議員の地位を投げ出すことはできなかった。こうして日韓条約をめぐる混乱のなか、野党は与党以上に迷走し、分裂していくことになった。

結局、日韓条約は一九六五年二月二〇日に仮協定が調印され、三月二四日には金泳三が拘泥した「平和線」を否定する漁業協定も締結された。六月二二日には正式調印が行われ、この条約は八月一四日与党・民主共和党単独の出席で開かれた国会で批准されることになる。この事態を受けて金大中、金泳三を含む民衆党残留派も、一〇月一四日には国会に復帰した。ちなみに、この二日前の一〇月一二日、金泳三は三七歳にして、民衆党の院内総務に無投票で選任されている。金泳三はその後実に五回にわたり、最大野党の院内総務を歴任することになる。

第6章　維新クーデター——一九七一〜七二年

一つの時代の終わり——尹潽善

一九七一年五月、第八代国会議員選挙が終わると、私は長きにわたって身を捧げてきた政界から事実上、完全に引退した。国民党総裁職を辞退した私は、自宅にて自分自身の人生を整理する時間を過ごし、党員が大挙離党して名ばかりの存在に成り下がっていた国民党は、一九七三年五月二九日に解党した。（『孤独な選択の日々』三六二頁）

一九六三年、六五年、そして、七一年。尹潽善はその対与党強硬論によって、繰り返し野党を分裂させた。それでも、彼が一定以上の影響力を持ったのは、その鮮明な反政府姿勢が一部の人びとの共感を得ていたこと、そして何よりも、元大統領として大きな権威を誇る彼が、野党内におけるほとんど唯一の「朴正煕と互角に戦える大統領候補」であると見なされていたからだった。一九六三年の大統領選挙において、朴正熙に一五万票差まで肉薄したという事実は、尹潽善の政治力を大きく担保していた。

そしてだからこそ、続く一九六七年の大統領選挙で、今度は逆に一〇〇万票以上の大差で朴正熙に惨敗したことは、尹潽善の政治的権威を大きく失墜させた。その後いったん「政界の第一線からの引退」を表明するものの、一九七〇年、尹潽善は自らが「サクラ中のサクラ」と見なす対与党穏健派の柳珍山が野党・新民党の総裁に就任するのを見て、三度目の野党分裂を敢行する。彼は新党・国民党を結党、一九七一年の大統領選挙と国会議員選挙に臨んだのである。しかし国民党は、大統領選挙に敗れたのはもちろん、国会議員選挙でも一議席の惨敗に終わった。尹潽善の時代は確実に終わろうとしていた。

尹潽善は、その後いくつかの民主化運動に参与した後、一九九〇年七月一八日に世を去っている。彼はいま、生まれ故郷の牙山で、自らの父祖とともに眠っている。

憂鬱——朴正熙

野党内最強硬派、尹潽善の政治生命の終焉は、与党側にとって大きなプラスとはならなかった。なぜなら、尹潽善の行動は、一面ではむしろその過激さゆえに野党勢力を分裂させ、結果として、与党を助ける役割を果たしてきたからである。事実、国会内の最大野党だった民衆党、その後継政党である新民党の主導権を掌握する穏健派にとって、尹潽善ら強硬派の存在は、与党と同様かそれ以上の脅威だった。

実際、尹潽善が自らの最終的な政界引退を宣言した一九七一年に行われた大統領選挙と国会議員選挙の双方で、野党・新民党は大きく得票を伸ばすことに成功した。この結果、新民党は、国会議員選挙で憲法改正阻止に必要な国会議席三分の一をはるかに超える、全二〇四議席中八九議席を獲得した。この意味を理解するには、当時の韓国の大統領制についての説明が必要であろう。

時の軍事政権が提示し、一九六二年一二月一七日の国民投票によって承認された「第三共和国憲法」は、大統領の任期を最大二期とし、大統領の三選を認めていなかった。事実朴正熙は、一九六三年に続く六七年の大統領選挙で、憲法改正を行わないこと、すなわち、これが自らが立候補する最後の大統領選挙であることを公約して当選した。しかし、一九六九年に入るとにわかに与党は憲法改正運動をはじめ、この年の終わりまでに、大統領の三選が可能になるように憲法を改正することに成功した。しかし、このような朴正熙政権による強引な政局運営は、世論の一部を与党から離反させ、野党に有利な状況をつくり出した。このようななか、従来は与党に対して宥和的だった金大中や金泳三のような若手野党政治家も、次第に朴正熙政権への対抗姿勢を明確にしていった。

しかしそれでも一九六九年の憲法改正は、従来の大統領任期制限を二選から三選に引き上

ベトナムへの派兵 1965～73年，ベトナム戦争の最中，アメリカの要請を受けた韓国は約5万名を派兵した．目的は経済援助の獲得だった

げただけであり、言い換えるなら朴正煕は、一九七五年の大統領選挙に立候補し、四選を果たすことはできないはずだった。だからこそ与党は再度の憲法改正発議のために、一九七一年の国会議員選挙で是が非でも三分の二の議席を押さえる必要があった。

だが、野党はこれを阻止することに成功した。この瞬間、野党が分裂せず、あるいは憲法改正に賛成しない限り、朴正煕が「第三共和国の大統領として四選すること」は不可能な状況になった。

加えて、朴正煕政権は、国際的にも追い込まれていった。当時は、ベトナム戦争がアメリカの敗北に終わるであろうことが次第に明らかになり、この「敗戦処理」のため、アメリカが東アジアにおける「緊張緩和」を推し進めていた時期だった。アメリカのニクソン大統領は、就任直後から北ベトナムとの秘密和平交渉をはじめ、一九七一年七月には同大統領の北京訪問が明らかにされる。一〇月には、中華民国が国連の代表権を剝奪された。

それ以前から、アメリカ政府内では在韓米軍の削減が議論されるようになっており、一九七〇年三月二六日、韓国政府側にその意向が伝達された。そしてこの提案は七月にはアメリカ政府から正式発表される。韓国政府はこれに反発を見せたものの、強硬な姿勢を見せるアメリカ政府に譲歩を迫られ、結局一九七一年二月六日、米韓共同声明を発表し、「韓国軍の近代化計画と在韓米軍削減のための調整に関する話し合い」を終了したことを明らかにした。こうして、三月二七日には早くも米第七歩兵師団が、韓国からの撤退を完了することになる。

そして、このようななか二つの動きが明らかになる。一つは、与党・民主共和党議員の一部が、野党側が提出した一部閣僚不信任案に賛成票を投じた「一〇・二国会内クーデタ未遂事件」に表れたような与党内の結束力の緩みであり、もう一つは、「司法波動」や「学園民主化運動」に見られるような社会的動きの高まりである。

つまり、「第三共和国」憲法下で朴正煕の四選が不可能になったことは、結果として、与党内の結束を弱め、さまざまな政治家が「朴正煕の後」を狙う状況をつくり出すとともに、朴正煕政権への反対運動も活発化させた。とりわけ、朴正煕が一九七一年大統領選挙時に「強制的教練を廃止する」と公約しながら反古にしたことに端を発する「学園民主化運動」は、学生たちによる大規模デモに発展し、朴正煕はこれに対して、準戒厳令とでも言うべき「衛戍令《えいじゅ》」で対抗した。衛戍令に基づき大学は軍隊によって制圧され、数千人に及ぶ大学生が検挙される。

一二月六日には、朴正煕政権は、この衛戍令を格上げして、「国家非常事態宣言」を全国

激化する学生デモ　朴正熙が大統領選挙において約束した「強制的教練」の廃止を反故にしたことは，学生運動活発化の絶好の理由となった

に発令した。理由は「北朝鮮からの侵略が間近に迫っている」というものであり、そこには米軍が極東への関与を弱めようとすることに対する、朴正熙の焦りが表れていた。

　朴正熙の焦燥は、やがて韓国政府を、北からの圧力を軽減するために、北朝鮮との直接交渉へと向かわせることになる。その成果は、一九七二年七月四日の「南北共同声明」となって表れた。

　しかし、国家非常事態宣言も北朝鮮との交渉開始も、結局、朴正熙の脳裏に染み付いた内外の状況に対する不安を除去することはできなかった。こうして、一九七二年一〇月一七日、朴正熙は自らによる二度目の、そして今度は、大統領自らの「上からのクーデタ」を発動する。
朴正熙大統領は次のような「特別宣言」を発表した。

　私はここに一大改革が不可避であることを認め、また、我々の政治的現実を直視したとき、この改革が通常の方法では実現不可能である、と判断した。

平和統一지향 改憲案 27日까지 公告
에 非常戒嚴令 선포
非常國務會議서 憲法機能수행
한달내 國民投票 政黨 政治활동中止
늦어도 年末이전 憲政秩序正常化
各大學 休校 通禁그대로
言論·出版·방송 事前檢閲

朴大統領の「非常戒厳令宣布」を伝える『朝鮮日報』（1972年10月18日）

それは通常の方法で改革を行っても、混乱ばかりが深刻化し、南北対話にも悪影響が及び、周辺情勢の変化への対応にも何の助けにもならない、と信じるようになったからである。

ゆえに私は、国民的正統性を代表する大統領として、与えられた使命に忠実に、通常の方法によらざる非常措置のかたちで、南北対話の積極的展開と、周辺情勢の急変に対処すべく、我が国の実情にもっとも合致した体制改革を断行することを決意した。

（『東亜日報』一九七二年一〇月一八日）

そして朴正熙は、次のような非常措置を国民の前に宣布した。

1. 一九七二年一〇月一七日一九時を期して国会を解散し、政治および政治活動を禁止するなど、現行憲法の一部条項の効力を停止する。
2. 一部効力が停止された憲法条項の機能は非常国務会議によって遂行される。非常

3. 国務会議の機能は現行憲法の国務会議が遂行する。

4. 非常国務会議は一九七二年一〇月二七日までに祖国の平和統一を目指す憲法改正案を公告し、公告した日から一月以内にこれを国民投票にかける。

憲法改正案が確定した後、改正された憲法手続きに則って、今年年末までに憲政秩序を正常化させる。（同前）

朴正熙はどのような心境で「上からのクーデタ」を発動したのだろうか。この点について、ある大統領特別補佐官は次のように回想している。

朝、われわれ特別補佐官らが呼び出しを受け、大統領執務室の一室に集まりました。ピンと張りつめられた雰囲気でしたね。小冊子が一冊ずつ配られました。表紙をめくると「国会解散」「非常戒厳令宣布」という文字が目にパッと入ってくるではありませんか。私は不意打ちをくらって頭がボーッとするような気分でした。

しばらくして李厚洛《イ・フラク》部長が入ってきて米国大使館側からクレームがついたと言いました。

維新宣布の背景説明には「米国と中国の接近」「ベトナム和平協商」の例をあげながら、急変する周辺情勢に対応するための措置だという内容が謳われていました。米国側はその項目をはずしてほしいと言ったそうです。朴大統領は「私が嘘を言ったか、アメリカの奴らがそんなことをしなければ、私が何もこんな思いで……」と不満げにおっしゃっていました。金正濂《キム・ジョンヨン》秘書室長が横で「それは重要なことではありませんか」と説得すると、「そうだな外してやれ」とおっしゃいました。

しばらく後、また、金室長が入ってきました。今度は日本大使館が背景説明の「日本も中国と国交を正常化させ……」という項目を削除してほしい、というのです。大統領はすぐさま日本語で「骨抜きのコンニャクだ」と吐き捨てるように言いました。結局、日本側の要求通りにしてやりました。そのときの朴大統領の悲壮な決然とした姿が忘れられません。

（『韓国を震撼させた十一日間』二八頁）

こうして、「維新体制」、すなわち「第四共和国」が開始されることとなる。

帰国という選択——金泳三

いわゆる「一〇・一七特別宣言」が発表された日、私と金大中はあいにく外国に滞在していた。私はハーバード大学東アジア研究所の招請により米国に滞在中だった。金大中は病気治療のため東京にいたのだが、一〇月一九日に帰国する予定だと聞いていた。

朴正熙は故意に二人が海外に滞在したときを狙ったようだった。

（『金泳三回顧録』第二巻、一九頁）

朴正熙が「維新クーデタ」を宣布したその日。金大中と金泳三はそれぞれアメリカと日本にいた。果たしてそれが金泳三のいうように朴正熙による計算の結果だったかどうかはわからない。明らかなのは、朴正熙が「維新クーデタ」を発動した当時、両者が野党有数の実力者に成長していた、ということである。この過程を明らかにするために、話をもう一度、「維新クーデタ」の前に戻すことにしよう。

一九五四年、二六歳で国会議員選挙に初当選した金泳三は、六〇年には新民党副総務、六三年に民政党スポークスマン、そして、六五年には統合野党・民主党の院内総務という輝かしい経歴を歩いてきた。第三共和国期の金泳三は、野党内では尹潽善の強硬路線に対抗して、与党との対話の必要性を主張する穏健派最大の勢力、柳珍山派に属してきた。このように自ら実力者でありながら、派閥領袖の下に位置した金泳三の立場は、「中間ボス」という言葉で表現された。彼はときに派閥領袖に忠実に、また、あるときにはそこから微妙な距離を取り、自らの政治的基盤を少しずつ、しかし着実につくり上げていった。

このような金泳三が、一躍、世間で大きな脚光を浴び、また、柳珍山派の「中間ボス」から脱する契機となったのが、一九六九年一一月八日の新民党大統領候補予備選挙への立候補表明だった。

金泳三は次のように宣言している。

私のこの挑戦は、偽りの民主主義に対する真正な民主主義の挑戦であり、官権に対する民権の挑戦であり、持つ者に対する失った者の挑戦であります。よってこの挑戦は必ず勝利せねばならず、勝利するだろうという自信と信念を基にこの決断を下すことになったのです。もしそうでなければ七〇年代は政治的暗黒期と化すでしょうし、後世の史家は今日を生きる我々若者たちに、無能力・卑怯者としての烙印を捺すことでしょう。

（同前第一巻、二七五頁）

重要なのは、金泳三が自らの大統領立候補を、単に朴正煕に対するものとしてだけではなく、これまで野党勢力を牛耳ってきた、党長老への挑戦としても位置づけたことだった。当時は、四〇代でアメリカ大統領に当選したケネディの印象がまだ鮮烈に残っていた時代であり、金泳三は自らを、言わば「韓国のケネディ」として位置づけようとしたのである。当然のことながら、党長老はこれにいっせいに反発した。その反応について、金泳三は次のように記している。

保守政党には序列があってしかるべきなのに、その秩序を取り壊すとはとんでもないことだ。ここはケネディを輩出した米国でもないし、金泳三がケネディだとでもいうのかね。

（同前第一巻、二七六頁）

とりわけ金泳三が所属する派閥のボス、柳珍山にとっては、金泳三の大統領候補立候補表明は、自分からの独立宣言に等しいものであり、その反発は大きかった。柳珍山派は当時の野党・新民党における最大派閥であり、柳珍山の怒りはたちまちのうちに、金泳三を窮地に陥れた。

金泳三を救ったのは、二つの要素だった。一つは、世論の支持である。当時の韓国世論は、旧態依然たる長老政治家に支配された野党に対しても、決して好感を持っておらず、この金泳三の柳珍山からの独立宣言を、新しい世代による、野党改革運動であると見なし歓迎した。金泳三の議論はやがて「四〇代旗手論」と呼ばれることになる。彼は世論に自らを改革の「旗手」と印象づけることに成功したわけである。

金泳三を救ったもう一つの要素は、同じ四〇代の政治家である、金大中と李哲承《イ・チョルスン》の同調だった。当初は、金泳三の動きへ同調することに慎重だった金大中は、その動きに世論の支持があると見ると立場を一変させ、自らもまた予備選挙に立候補することを宣言した。これに解放直後の学生運動からの長い政治活動歴を持つ李哲承が加わり、新民党の大統領候補予備選挙は、この三人の四〇代政治家によって争われることが決定する。世論に押された柳珍山は総裁に回り、大統領候補競争から退くことを余儀なくされた。

しかし、ここまで新民党の世代交代をリードした金泳三は、結局、大統領候補には選出されなかった。第一次投票でこそ、金泳三・四二一票、金大中・三八二票、白票・七八票、その他・四票と、金大中をリードした金泳三だったが、第二次投票では票を減らして、金大中の四五八票に対して、四一〇票で惜敗した。背景には、投票の前日に行われた柳珍山総裁による事前候補調整の結果として、金泳三を推すという条件で立候補を辞退した李哲承が、この約束に反して金大中を支持したことがあった。金大中は、李哲承に次期党首に彼を推薦することを約束し、その代わりに李哲承支持勢力を自らに投票させた――金泳三はのちにそう記している。このような李哲承の行動の背後には、派閥の統制を離れて独自の動きを強める金泳三を阻止したいという柳珍山の思惑があったとも言われている。

李哲承（1922～）　解放直後から第5共和国期まで長いキャリアを持つ野党政治家．第4共和国期には野党穏健派代表として活躍

いずれにせよ、こうして新民党は劇的な世代交代を果たし、やがて、党の主導権は三人の「四〇代旗手」に移っていく。朴正煕が、衛戍令を発布し、それを非常戒厳令に格上げし、さらには、「維新クーデタ」を敢行するのはまさにそのような時期に当た

新民党大統領予備選（1970年9月29日）　左から代議員に応える金泳三，党首・柳珍山，金大中

っていた。

金泳三によれば、「維新クーデタ」の勃発を知ったハーバード大学のライシャワー教授らは、金泳三の身を案じ、帰国を断念して、大学にとどまるように提案した。金泳三によれば、彼は次のように答えたと言う。

> 気持ちはありがたいが、私は韓国の大統領になると名乗りを挙げた人間です。私一人の身の安全のためにここに残るということは、祖国と国民を捨てるということと変わりありません。
>
> （同前第二巻、二〇頁）

金泳三がソウルの金浦《キムポ》空港に到着すると、そこにはすでに中央情報部の機関員が待機していた。いったんは逮捕を覚悟した金泳三だったが、物々しく憲兵隊の車に取り囲まれた彼が連れて行かれたのは、金泳三の自宅だった。金泳三の苦難に満ちた維新政権下での生活はこうして開始されることになる。

亡命生活の選択――金大中

野党の主流派を歩き続けた金泳三。これに対して金大中が歩んだ道は、屈折したものだった。

金大中の歩んだ道が屈折したものとなった理由の一つは、第二共和国期以前に彼が属した新派が、朴正熙らクーデタ勢力の主攻撃目標とされ、大きく力を削がれてしまったことにある。一九六四年から七二年、第三共和国期の野党政治は主として、ともに旧派の流れを引く、対政府強硬路線を貫く尹潽善派と、穏健路線を主張する柳珍山派の対立に集約された。両者の対立のなかで、新派系勢力は埋没することを余儀なくされた。

このような金大中の立場が典型的に現れたのは、一九六八年五月二〇日、統合野党・民衆党の院内総務の座をめぐっての金泳三との争いだった。当時は民衆党の新総裁兼大統領候補として、高麗大学前総長の兪鎮午《ユ・ジンノ》が党外から迎えられた時期であり、兪鎮午総裁は、党内人心一新のために、新たに金大中を院内総務に起用しようとした。しかし、この金大中の院内総務起用は、金泳三を「中間ボス」とする柳珍山派の反対によって挫折する。代わって院内総務に就任したのは、金泳三その人だった。

そのような過去の経緯を考えるなら、一九七〇年における、党内非主流派に属する金大中の新民党大統領候補選出は、ハプニングに近い出来事だった。背景にあったのは、党内最大派閥である柳珍山派の柳珍山直系と金泳三系への分裂である。この趙炳玉から柳珍山と続いた旧派主流の解体により、野党は新しい時代を迎えることになる。そして、金大中の大統領選挙における善戦とその後の国会議員選挙での新

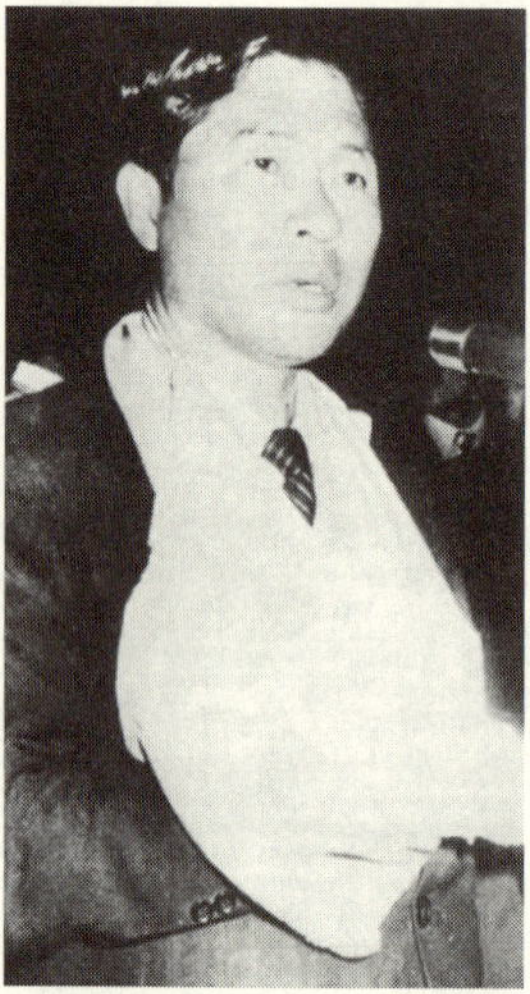

暗殺未遂事件で負傷した金大中
(1971年5月)

民党の躍進は、その方向を決定づけた。

しかし、金大中は大きな個人的問題を抱えていた。大統領選挙を終えた金大中は、今度は国会議員選挙の応援に駆り出され、各地で積極的な遊説活動を展開した。そのさなかの、一九七一年五月二五日、木浦から光州へ向かう途中の金大中は、交通事故を装った暗殺未遂事件に遭遇する。当初は軽症だと思われた金大中は、この事件以降、股関節に障害を負うこととなった。

当時の韓国の政治家の多くは、深刻な身体上の問題を抱えたとき、韓国内ではなく、日本国内の病院で治療を受けることが多かった。金大中も同様であり、彼はこの怪我の治療のため、慶応大学附属病院に通っていた。金大中は一九七一年一二月六日の非常戒厳令発布も、

通院のため滞在していた東京で耳にしている。一報を聞いた彼はこのときはただちに帰国を決意している。

帰国した金大中の立場は興味深いものだった。たとえば金大中は、一九七二年七月一三日、朴正熙政権が北朝鮮政府との間で発表した南北共同声明について「南北共同声明を原則的には支持する」ものの、「朴正熙大統領にはこれを推進する資格がない」という声明を出している。与党の政策はその方向性は正しいが、それが民主主義を踏みにじる朴正熙によって行われるがゆえに誤りだ、というのである。日韓国交正常化をめぐる政局でも見られたように、政策の方向を是認しつつも、その執行主体の性格や手順の不適切さゆえにこれを批判する論法は金大中に特有のものである。ここに、当時はまだ穏健派政治家であった金大中の姿を垣間見ることができる。

だが「維新クーデタ」は、このような金大中さえ、徹底した政権への批判者へと転換させた。朴正熙が「維新クーデタ」を敢行したその日、金大中は再び股関節の治療のため東京にいた。午後五時頃旧知の在日韓国人実業家からの情報で、「朴大統領の重大発表があるらしい」ことを聞いた彼は、午後七時からの放送を聴いて愕然とする。当時の自らの心境について金大中は次のように回顧する。

私はこれを聞いて「来るものが来た」と思いました。私は選挙後、朴政権が独裁体制の維持・強化に苦しんでいたのを見てきました。ひそかに憲法改正の計画を練っているとの噂も聞いていました。［中略］しかし私は国内に政治不安もなく、南北の対話が順調に進展しているなかで、そういう乱暴な大変革がはたしてできるのかどうか、疑問に思っていました。そこに私の判断の甘さがあったようです。

（『わたしの自叙伝』三三六頁）

金大中は同じ回顧録で次のようにも書いている。

私はその夜、異国のホテルの一室で眠れない一夜をすごしました。午後七時のニュースを聞いたときには、「ソウルの現地にいたら、闘う手段が見つかったのではないか」という自責の思いで一杯でした。自分の情勢分析の甘さから事態の判断を誤ったという自戒の念でした。そしてすぐにソウルへ帰るべきだと思いました。（同前、三三七頁）

しかし、金大中は次のような決断を下すことになる。

長い間、眠れないままに考えた末、一つの結論をようやく出すことができました。いまこの東京にいることは、むしろ神が与えてくれた幸運ではないか［中略］少なくともいまの段階では朴政権のやり方を外から見守り、その非を内外に訴えることがいまの私の課題ではないか、このように考え直したのです。（同前、三三七～三三八頁）

こうして金大中は東京に残り、亡命政治家としての活動を開始する。一九七二年一〇月一八日、東京で「維新クーデタ」を公然と批判する声明書を明らかにした金大中は、一一月にはアメリカに渡り、朴正熙政権による憲法改正を「不法無効」だとする声明書を発表した。しばらくの間アメリカに滞在した金大中は、翌年一月五日には、「抗議活動や声明を出す場合でもワシントンより東京のほうがニュースになりやすい」という判断の下、東京に戻る。金大中はその後も、日米両国を往復しながら、朴正熙政権への活発な批判活動を展開した。

金大中のこのような行動は、朴正熙政権を著しく刺激した。そして、あの「金大中拉致事件」が発生するのである。

第7章　朴正煕暗殺――一九七三～七九年

金大中拉致事件――金大中

一九七三年八月八日。東京の気温は三〇度を超え、光化学スモッグ警報が発令されるような蒸し暑い日のことだった。

朝から梁一東《ヤン・イルドン》民主統一党党首と面会した金大中は、午後一時一五分頃、木村俊夫元外務大臣と面会するために、ホテルの部屋を出た。たちまち彼は廊下で待ち構えていた屈強な男性たちに襟首をつかまれて隣の部屋に連れ込まれ、ハンカチにしみ込ませた麻酔剤を嗅《か》がされて意識を失った。朦朧とする意識のなか、金大中は地下にとめた車に押し込まれた。車は高速道路を西に走り、やがて彼は神戸市のとあるマンションの一室へと連れ込まれた。二時間ほど経って再び外へ連れ出された彼は今度はモーターボートに乗せられた。モーターボートで一時間ほど走った後、金大中は大きな船に移され、外洋へと運び出された。これがいわゆる「金大中拉致事件」の発生である。

今日では、この拉致事件は、海外で反政府活動を続ける金大中を暗殺するために、中央情報部が中心となって仕組んだ出来事であることが知られている。結局、この中央情報部の動きは、日米両国の察知するところとなり、金大中は寸前で一命をとりとめた。事件から五日経った八月一三日午後一〇時過ぎ、金大中は自宅前で解放される。金大中は解放の三日後の一六日から軟禁状態に置かれることになった。

解放直後の金大中　金大中拉致事件は，韓国の数少ない友好国・日本で起こったという意味でも特異な事件だった．そこには，朴正熙の日本への不信が典型的に示されていた

白昼堂々、一国の首都の中心から、その国の政府から正式な許可を得て滞在中の政治家が、他国の情報機関によって拉致連行され、暗殺寸前の危機に直面する。この明らかな主権侵害行為に対して、日本政府は「事件の真相と「金大中の」再来日による原状回復」の二原則を掲げて、韓国政府と交渉を開始した。両国の間では、日韓議員連盟会長を務めていた岸信介や、張基栄《ジャン・ギヨン》元副総理らの「密使」が往来し、やがて、事件は日韓両国の間で「政治決着」する

ことになる。

一〇月二六日、金大中の自宅軟禁はいったん解除された。当時の金溶植《キム・ヨンジク》外務部長官は、駐韓の日本大使であった後宮虎郎に、「金大中氏はいまや名実ともに自由である」と語ったと言われている。この結果を受けて、一一月一日、金溶植は「日本政府との外交交渉が終わった」と発表し、「事件に関連した疑いが濃い」として、金東雲《キム・ドンウン》書記官を免職した。翌日、金鍾泌国務総理が来日し、当時の田中角栄首相に朴正熙の親書を渡して謝罪した。

金大中は、このような日韓両国の動きを見て、自身が再び海外に出て活動を再開できるものと考え、ハーバード大学の招聘研究員として出国する準備を行った。交渉相手は同大学のライシャワー教授。金泳三の例でも見たように彼は当時の韓国の野党政治家が海外で活動する際の、重要な窓口となっていた。

しかし、金大中は結局、アメリカはおろか日本にさえ出国できず、「原状回復」は叶わなかった。ライシャワーは直接ソウルまで来て韓国政府との交渉を試みたものの、韓国政府はこの交渉を拒絶した。金大中は再び自宅軟禁され、彼の家の周囲には多いときには七ヵ所もの監視哨が設けられた。軟禁中の彼は、一九七四年三月に死去した父の葬儀への参列さえできなかった。「事情はともかく、親不孝の極みでした」、金大中はそう記している。

もっとも自宅軟禁中であったことは、彼が、政治的にまったく無力だということを意味しなかった。なぜなら、この時点でも彼は自らを支持する人びとと連絡を取って、限られた範囲ながら政治的意思を示すこともできたからである。重要なのは、一九七一年の大統領選挙や「維新クーデタ」後の海外での活動により、金大中と彼を支持する勢力が、金泳三のそれと並んで野党内の対与党強硬派で大きな勢力を占める存在となっていたことである。人びとは、この野党内の二大強硬派勢力をそれぞれ金大中と金泳三の自宅がある地名を冠して、「東橋洞系」と「上道洞系」と呼んだ。「洞」とは日本の「町」ほどの意味である。

自宅に軟禁された金大中は、自らの派閥を「遠隔操作」することで、政治的に大きな影響力を維持していた。そして、その金大中が連携相手として選んだのが、他でもない、金泳三だった。

野党指導者としての「鮮明路線」——金泳三

現実の壁を突き破り、国民が自由な参政権行使を通じて政権を選ぶ、平和的な政権交代の時代へと前進しなければならない。これこそ新民党に与えられた歴史的な使命である。この使命を心に深く刻みながら、私は総裁選に臨む。私の挑戦は単純な党の主導権争いではなく、民主回復のための力を得ようというものだ。

私はこの宣言の場で政府に対して要求する。一、大統領緊急措置を解除すること。二、政府は金大中氏に政治活動の自由と本人が望む海外旅行を許可すること。三、政治的報復を受けた印象が濃い政治家に対する政治裁判を中止すること、などだ。
(『金泳三回顧録』第二巻、三七頁)

一九七四年四月二八日。長らく野党内穏健派を代表し、与党との太いパイプを誇ってきた柳珍山新民党総裁が死去した。朝鮮半島の日本植民地支配終焉直後から、青年運動指導者、あるいは野党幹部として活躍してきた柳珍山は、典型的な「古いタイプの野党政治家」であり、解放直後から活躍した野党「第一世代」の最後の人物でもあった。だからこそ、その死はすでにはじまっていた野党の世代交代を決定付けた。

新民党は柳珍山後の体制をめぐって早速、党首選に入り、金泳三はこの選挙戦への立候補を表明した。金泳三がここで主張したのが、与党に対する「鮮明闘争」路線だった。

総裁選挙のための新民党の党大会は、一九七四年八月二二日。選挙は、金泳三が第一次投票に次いで、第二次投票でも第一位を獲得したものの、得票数は過半数に達せず、投票は第一位の金泳三と第二位の金義沢《キム・ウイテク》との決選投票にもつれ込んだ。

金義沢は柳珍山の流れを汲む対与党穏健路線を主張する「古いタイプの野党政治家」であった。事実か否かは不明であるが、金泳三は彼が朴正熙政権の支援を受けていた、と述懐している。決選投票を前にして、金義沢は会場の貸し切り時間の関係で、決選投票は翌日に延期すべきである、と主張した。そこに二回の投票で有利を保った金泳三の票を一晩で切り崩そういう意図があることは、明らかだった。金泳三は次のように演説した。

親愛なる代議員の皆さん！　会場の貸し切り時間が午後五時までというのは事実ではなく、私を党首にさせないという陰謀があります。ですが、私、金泳三は死んでも新民党は殺させないという決心で、涙を飲んで大会延期に合意しました。

（同前第二巻、四二頁）

この演説には、当時の金泳三の置かれたディレンマが典型的に表れていた。維新政権下であくまで「鮮明闘争」路線を貫けば、あるいはこれに耐えることのできない一部野党内穏健派の離脱を招く可能性があった。とはいえ、同時に分裂の脅しに屈して、「鮮明路線」の旗を降ろすなら、それは彼の政治的敗北を意味していた。

しかし、金泳三の抱えるディレンマは、維新体制の下、野党政治家が共有するものだった。だからこそ、この金泳三の演説の直後、第一次、第二次投票でそれぞれ第三位を維持した鄭海泳《ジョン・ヘヨン》は、「鮮明路線」を主張する金泳三への支持を表明する。望まずしてキャスティングボートを与えられた鄭海泳は、彼が穏健派と朴正熙政権に「抱きこまれた」との批判を受けることを恐れたのである。

大勢は決し、金義沢はその日のうちに立候補辞退に追い込まれた。翌日の党大会は、一人残された金泳三への信任投票の場と転じた。金泳三は当時四五歳。こうしてついに四〇代の野党党首が誕生する。

金泳三は総裁就任後も、選挙時に主張した「鮮明闘争」路線を貫いた。彼は朴正熙政権に中央情報部の解体を求め、「維新クーデタ」を批判し、民主主義を抑圧する憲法の改正を主張した。この時期の金泳三はそのための「院外」、つまり国会外での活動をも辞さなかった。一九七四年、金泳三は、尹潽善、兪鎮午ら各界の著名人士七〇名とともに、「民主回復国民会議」を結成し、翌年「民主回復国民宣言」を発表した。このような金泳三らによる「維新体制」に反対する動きは、さらにその翌年に発せられた、金大中、咸錫憲《ハム・ソクホン》、文益煥《ムン・イクファン》らによる「民主救国宣言」とともに、韓国における民主化運動を本格化させる原動力となっていった。

新民党党首に選出された金泳三（1974年8月）

他方、金泳三の「鮮明闘争」路線は、政府からの弾圧を危惧する野党内穏健派の離反をも招いた。新民党では、金泳三を支持する対与党強硬派と、かつて同じ「四〇代旗手」として大統領候補の座を争った、李哲承を中心とする対与党穏健派の対立が激化した。そして、金泳三はいったん敗北する。すなわち、一九七六年九月の新民党党大会で多数を占めることに成功した穏健派は、党を総裁による単一指導体制から集団指導体制へと変更させるとともに、党首である代表最高委員選挙でも李哲承が金泳三を押さえることに成功したのである。

しかし、事態はこのような野党内の派閥対立をよそ目に、金泳三ら強硬派に有利な状況へと流れていく。二年後の一九七八年は、大統領選出機関である統一主体国民会議代表委員選挙の年であり、学生運動と各種民主化運動組織は、この「完全な公営」で行われる選挙に対して、選挙の虚構性と非民主性を主張する反対運動を展開していた。

この流れは、年末の国会議員選挙に引き継がれ、野党・新民党は、当選者数こそ、六一名対六八名と、与党・民主共和党の後塵を拝したものの、得票率では、三二・三%対三一・二%と与党を上回ることに成功する。韓国政治で、単一の野党の得票が与党のそれを上回ったのは初めてだった。この出来事は、与党と朴正熙を急速に追い詰めていくことになる。

そして、一九七九年、金泳三は再び新民党党首の職に挑戦した。

最　期——朴正熙

一九七九年一〇月、朴大統領は執権一九年目の秋の中にいた。人間朴正熙はそのとき、孤独な男やもめだった。悲哀感と孤独感に満たされた疲労した指導者だった。厳しさとするどい切れ味がほとんど抜けた人間になっていた。

(『韓国を震撼させた十一日間』一〇頁)

一九七九年、朴正熙は孤独と怒り、そして不安のなかにいた。一九七八年の国会議員選挙の結果に対し、朴正熙は、「表向きは余裕たっぷり」な姿を見せてはいたものの、その実、新民党が喧伝《けんでん》する「一・一%の勝利」という主張に神経を尖《とが》らせていた。それは大統領官邸で作成され、与党内の主要人物に配布された「選挙評」でさえ、この選挙について「与党が議席数では勝ったと自負するかもしれないが『国民の絶対的支持を得るのに失敗したことに変わりはない』という明白な事実に集約できる」とし、「大統領に対する絶対的な信任さえゆらぐ恐れがある」と憂慮したほどだった。

事態は朴正熙にとって袋小路の様相を呈していた。朴正熙は自らの大統領連続再選を可能とするために、「維新クーデタ」を発動し、また、そのために大統領に強大な権力を与えた「維新憲法」を発布した。しかし、このことは逆に、野党や学生運動、その他の民主化勢力に、朴正熙政権に抵抗する格好の大義名分を与えた。金泳三の「鮮明闘争」路線、とりわけ「維新憲法」改正の主張はまさにその点を突いたものだった。

このような民主化勢力の活動に対し、朴正熙政権は繰り返し、緊急措置令を発動し、公権力を利用して弾圧した。金大中拉致事件と彼の軟禁は、そのなかでももっとも極端なものだった。しかし、これらの弾圧は、結果として民主化勢力が主張する、朴正熙政権の「非民主主義的性格」を裏付けすることとなった。弾圧された金大中は民主化運動のシンボルとなり、かえってその存在感を増していった。それは、金泳三や金大中と同じ「四〇代旗手」の一人としてデビューした李哲承が、野党内穏健派の代表としての立場を強めることで、逆に野党内における政府側意見の代弁者と目され、威信を失っていったことと対照的だった。

追い詰められることにより、弾圧し、弾圧することにより、さらに追い詰められる――朴正煕は徐々に行き場を失っていった。加えて、この時期の朴正煕をさらに追い詰めたのは、彼を取り巻く孤独だった。一九七一年の国会議員選挙直後、朴正煕大統領四選のための憲法改正が不可能であるとの見通しの下で勃発した与党内の後継者争いは、金鍾泌派と反金鍾泌派の対立となって表れた。

この事態に対して朴正煕は、中央情報部をして、まず野党側が提出した一部閣僚不信任案に賛成票を投じた「一〇・二国会内クーデタ未遂事件」に加担した反金鍾泌派の重鎮、金成坤《キム・ソンゴン》、吉在号《キル・ジェホ》らを逮捕させ、彼らの政界引退を強要した。以後、与党・民主共和党は、政治家たちの議論と政策決定の場としての「政党」機能を失い、大統領の「私的組織」に転落する。

与党を制圧した朴正煕は、次いで自らの有力後継者と目された人びとを排除していった。「維新クーデタ」後の一九七三年には、朴正煕の信任の厚かった尹必鏞《ユン・ピルヨン》首都警備司令官が突然、反逆罪で逮捕され、李厚洛中央情報部長も金大中事件の責任を取らされるかたちで職を解かれた。一九七五年には金鍾泌も国務総理を解任される。こうして「維新クーデタ」以前から朴正熙を取り巻いていた有力者の多くが姿を消した。

しかし朴正熙の孤独をより深刻にしたのは、一九七四年八月一五日に勃発した在日朝鮮人文世光《ムン・セグウァン》による、朴正熙暗殺未遂事件と文世光の流れ弾による陸英修《ユク・ヨンス》夫人の死だった。朴正熙にとって陸英修は唯一、心を許せる人物であった。気難しい性格の朴正熙にとって、陸英修は「気軽に」「暴言を浴びせ」ることもできるもっとも近しい存在だった。この陸英修を自らへの暗殺未遂で失ったことは、朴正熙に近い将来の死を強く意識させた。当時の側近によれば、朴正熙は、この頃からいつも枕の下に拳銃を忍ばせて寝るようになったという。

陸英修夫人暗殺（1974年8月15日）　共産主義を支持する在日朝鮮人・文世光による朴大統領暗殺未遂事件．銃弾は夫人が受け，同日死去．使われた拳銃が大阪府警の派出所から盗まれたものであったことから，対日感情は悪化した

よく知られているように、陸英修の死後、朴正熙の側近として急速に浮上したのが車智澈《チャ・ジチョル》だった。一九七四年八月、陸英修の死の責任を取って前任の朴鍾圭《パク・ジョンギュ》が退いた警護室長の座に、朴正熙は当時国会議員だった車智澈を据えた。朴正熙の車智澈への寵愛は、その執務形式の変化となって

車智澈（1934〜79）　第3共和国期から第4共和国期に活躍した軍人・政治家．朴正熙による彼の寵愛は末期の政権を揺るがした

現れた。従来、大統領官邸の一日は、朝八時半、秘書室長の主宰する会議によってはじまり、各部局の首席秘書官が持ち寄った情報を、秘書室長がまとめて九時半に大統領に報告するのが通常だった。しかし、一九七八年一二月二二日、この秘書室長のポストに切れ者で知られた金正濂に代わり、「素直な性格」の金桂元《キム・ゲウォン》が就任すると、車智澈は、時に金桂元を差し置いて、朝一番に自らが独自に入手した情報の報告を朴正熙に行うようになる。当時の朴正熙をめぐる権力争いで、誰がもっとも近くから大統領に進言する権利を持っているかは、決定的な意味を有していた。こうして車智澈はいつしか、朴正熙大統領の権力代行者的な地位を獲得する。

このようななか、また一つの事件が勃発する。それは一九七八年の国会議員選挙後、朴正熙が新たに招集された国会議長に、「第一共和国」期の国務総理経験者である白斗鎮《ペク・トゥジン》を内定したことに端を発していた。事件の意味を理解するには「第四共和国」における国会の制度を説明する必要があるかもしれない。当時の国会には二種類の国会議員がいた。すなわち、一つは国民による直接選挙で選ばれる議員であり、これが全体の三分の二を占めている。残り三分の一は、大統領によって一括推薦され、大統領選出機関でもある統一主体国民会議によって承認される議員であり、彼らは「維新政友会」という第二与党に属していた。

そして白斗鎮は当時、この維新政友会所属の国会議員であった。丁一権《ジョン・イルグウォン》議長の留任か、金鍾泌の推薦が有力視された国会議長に、白斗鎮を朴正熙に対して推したのは、車智澈だった、と言われている。

しかし、この白斗鎮の議長内定に対して、金泳三は、国会議長を国民による直接選挙によって選出された国会議員から選ばないのは、「選挙区出身議員と国民を無視した暴挙だ」、として、野党強硬派を率いて反対した。のちに「白斗鎮波動」と呼ばれる事件である。朴正熙はこの事件における金泳三の姿勢について、次のように批判したという。

> 白議長が維新政友会議員だからといって反対するのなら、維新政友会議員を選んだ同じ統一主体国民会議で大統領も選出されたのだから、私にも反対するということか。〔中略〕〔金泳三は〕今まで緊急措置令違反が七件にもなるが、野党弾圧という誤解を受けたくないから全国大会前には絶対捕まえない。だが、絶対に金泳三を新民党総裁に当選させない。
>
> （『金泳三回顧録』第二巻、八三頁）

国会は最終的には、議席の三分の二以上を占める二大与党、民主共和党と維新政友会の賛成により白斗鎮を議長に選任したものの、新民党はこの過程で事実上分裂した。党首である李哲承は与党との協議の上、投票に参加して白票を投じ、議場を退場するという妥協案に応じたが、この案に従い投票したのはわずか七名に過ぎなかった。金泳三ら強硬派一六名は国会の本会議に出席せず、その他の大多数の議員たちは投票直前に議場を後にした。穏健派主導の党執行部が指導力を発揮できなかったことは明らかであり、新民党内における強硬派であった金泳三の立場は飛躍的に強化された。

車智澈は新民党総裁選挙でもミスを犯した。「金泳三を新民党総裁に当選させない」という朴正煕の意を受けた車智澈は、金泳三以外の三人の候補者から、李哲承と辛道煥《シン・ドファン》の両名を支援することで、かえって反金泳三票を分裂させた。結果、一九七九年五月三〇日、金泳三はわずか一一票差で李哲承を押さえて、新民党総裁に返り咲くことに成功する。

そして、問題はここから異なる展開を見せた。なぜなら、車智澈はこの新民党総裁選挙における自らの失態の責任を中央情報部長だった金載圭《キム・ジェギュ》に押しつけたからである。朴正煕の寵愛を受ける車智澈の権力は、すでに中央情報部長のそれを上回るまでに成長していた。事態の悪化の責任を押しつけられた金載圭は、追い詰められ、やがて車智澈と彼を重用する朴正煕に殺意を抱くようになる。

一方で朴正煕政権は新民党への揺さぶりを続けていた。政権側の支援を受けた新民党穏健派は、党大会における金泳三総裁選出を無効とする訴訟を起こした。理由は投票資格のない二二名が投票に参加していたため、一一票差で選出された金泳三の総裁選出は無効であるというものであった。九月八日、ソウル民事裁判所は、この訴えを受け入れて、金泳三の総裁職執行停止の仮処分を下すことになる。

九月一六日には、『ニューヨークタイムズ』に、「アメリカは国民と絶えず遊離している政権、そして民主主義を熱望する多数の、ふたつのうちどちらを選択するか明らかにすべきだ」との金泳三のインタビュー記事が掲載される。与党は、これを自らの国の政治を外国に委ねる、容認すべからざる「事大主義的」発言だとして、金泳三を国会から除名する旨の懲戒動議を提出する。このようななか中央情報部長金載圭は金泳三と会談し、金泳三が謝罪のための弁明をすることを要求した。しかし、金泳三はこれを拒否、交渉に失敗した金載圭はいよいよ追い込まれることになった。そして一〇月四日、金泳三はついに国会から除名される。金泳三の除名は車智澈からではなく、朴正熙からの直接の指示だったと言われている。

釜馬抗争（1979年10月）　金泳三の議員職除名に端を発し，彼の地元・釜山，さらには馬山などに飛び火した大規模デモ．朴政権は戒厳令，衛戍令を発動し沈静化を図った

このような状況を受けて、一〇月一六日、金泳三の地盤である慶尚南道の釜山で、金泳三の議員職除名を憤る釜山大学生たちのデモが発生した。これを

朴正熙暗殺事件（1979年10月26日）　犯人の中央情報部長・金載圭の動機は，大統領の寵愛を車智澈に奪われた私怨とも言われる．同時に車智澈も射殺．写真は現場検証時の再現

合図にするかのように、デモは釜山全域に拡大、一八日には馬山にも飛び火した。朴正熙政権は一八日には釜山に戒厳令、二〇日には馬山・昌原一帯に衛戍令を発動し、事態は一触即発の状況へと発展する。いわゆる「釜馬抗争」の勃発である。

　そして、運命の一〇月二六日午後六時、ソウル市内の宮井洞の食堂で宴席が設けられた。参加者は朴正熙、車智澈、金載圭、大統領秘書室長の金桂元だった。朴正熙は座るや否や、釜山や馬山の状況、新民党への工作について、金載圭を詰問し、中央情報部の無能ぶりを叱責した。朴正熙の詰問は四〇分以上に及び、六時五〇分頃には別室に控えていた女性歌手と女子大生が現れ、朴正熙の隣に座った。会話は中断され、彼女らは歌った。続いて車智澈も歌い、宴席の雰囲気は「盛り上がって」いった。

　こわばった表情で座っていた金載圭は、七時一〇分頃に席を立った。七時三五分頃、彼が席に戻ると話は再び政治に戻った。朴正熙、金載圭、そして車智澈の間で次のような会話が交わされた。

朴正熙　中央情報部がもっと恐い存在にならないと。君らは非行調査書ばかり手に入れてただ持ってるだけでどうする。どしどし事件にして取り締まらないといかん。
金載圭　かしこまりました。政治というのは大局的に、相手方にも話す機会を与えて、そのうえで国会に出ろと言わなければだめです。そうしないと出て来ないでしょう。
車智澈　新民党の奴らはひとりも辞めたいと思ってる奴はいませんよ。マスコミに乗じて反政府的な言動に合わせてるだけです。あんな野郎たち、新民党でも何でも出て来たら戦車できれいに轢いてしまいますよ。

（『韓国を震撼させた十一日間』二七五頁）

こうして自らの最後の進言を車智澈にさえぎられた金載圭は、ついに朴正熙と車智澈を射殺する。

その直前、金載圭は次のような言葉を投げかけていた。

閣下、こんな虫けらのような奴を連れて、政治がちゃんとできますか。

（『金泳三回顧録』第二巻、一三九頁）

大統領はひどくやつれており、顔には憂いを湛えていた。我々は接見室で大統領に面会した。大統領のすぐ後ろでは、車智澈警護室長が目線で、我々の発言順序を指示していた。

（『神話はない』一五七頁）

朴正熙の印象——李明博

朴正熙が暗殺される直前の一九七九年一〇月二〇日頃、李明博は、突然、大統領官邸から呼び出しを受けた。当時の李明博は三七歳にして韓国を代表する建設会社、現代建設の社長であった。一九六五年、この会社に入社した李明博は、鄭周永会長からの絶大な信頼を受けて破格の昇進を続け、二九歳で理事、そして一九七七年には三五歳の若さで現代建設の社長に就任した。

さてこの日、李明博が呼び出しを受けたのは、午後四時からの大統領との集団接見のためだった。李明博は、これに先立ち、午前一〇時に他の礼訪客らとともに世宗文化会館のホールに、集合を命じられた。礼訪客は、新聞社社長や、朴正熙政権が当時推進していた「セマウル運動」と呼ばれる農村振興運動の指導者など、二〇余名。この日の会合を主宰したのは車智澈警護室長だった。

会場に着くと礼訪客には、それぞれ、大統領官邸からやってきた人物から一人ずつ、封筒が配られた。封筒のなかには、各人が朴正煕との接見で「進言」すべき内容が書かれていた。李明博の封筒には、おおよそ次のように書かれた紙が入っていた。

釜山—大邱間の高速道路開通式を終え，シャンパンを撒く朴正煕（1969年12月）　朴正煕政権は本来，日本の満州開発に範を取る輸入代替型戦略を志向していた．しかし，この戦略は経済的資源の不足により挫折，政権は輸出主導型の戦略へと舵を切り直した．朴正煕政権下の経済成長は当初の計画通り実現されたというより，その柔軟な試行錯誤の結果であった

私は過去に日韓条約反対デモを主導した学生運動出身の人間ですが、今日の学生たちが引き起こしている事態を見るに、彼らの考えは根本から誤っていると思います。「釜馬事態」は学生たちの時局に対する安易な発想、哲学を欠いた考えから生まれた一時的な現象です。したがって、心配なさらずともしばらくたてば事態は沈静化すると思います。（同前、一五六頁）

参加者たちが、それぞれに与えられた「進言」を暗唱すべく、懸命に努力するな

か、李明博は複雑な心境だったと回顧する。なぜなら、与えられた「進言」は彼の考えとは異なるものであり、それをこのまま大統領に「進言」することは憚られたからに他ならない。とはいえ同時に、台本に反する「進言」をしたならば、それはすなわち、彼と彼の会社に対するとてつもない報復を意味していた。若き社長、李明博は深刻なディレンマに直面しようとしていた。

緊張した時間が過ぎ、やがて礼訪客らは大統領官邸に向かった。発言の順序は、新聞社社長、セマウル運動関係者、そして李明博だった。マスコミ関係者らしく、新聞社社長は、朴正熙にとって聞き心地のよい「進言」をすらすらと行った。彼らの話を聞きながら、冷や汗が流れた、と李明博はこのときのことを述懐している。しかし、次に大統領の前に歩み出た、高齢のセマウル運動関係者は、同じように「進言」を行うことはできなかった。緊張した彼はあたかも小学一年生が本を朗読するかのように、暗記してきた内容を棒読みし、そして、その言葉は突然、途切れた。

一分が過ぎても三分が過ぎても、老人から言葉は出てこなかった。そのとき、朴正熙が突然、口を開いた。「暗唱してこられたのを、忘れられてしまったのでしょう」。そして、彼はこう付け加えた。「もうここまでにしよう」

李明博はそのときの朴正熙をこう記している。「接見室を出る大統領の背中は、私には小さく見えた」

第8章　「新軍部」による支配——一九八〇～八六年

あるブルジョア弁護士の転身——盧武鉉

私が専門分野にしようと思った租税分野は、在野運動に従事している間も順調だった。勝訴率も高く、上手い弁護士だとの評判も高かった。この後、政治に進出しなかったら、私はおそらく釜山でも有数の租税専門弁護士になっていただろう。

（『おまえ、ちょっと助けてくれ』二一二頁）

朴正熙が暗殺された頃、盧武鉉《ノ・ムヒョン》は釜山で三三歳の若き弁護士として活躍していた。専門は租税、趣味はヨット。盧武鉉は当時を振り返り、自分が弁護士案件を斡旋してもらうために、判事や検事、さらには警察官などに「コミッション」を払ったり、「交際」と称して彼らを接待したりする法曹界の古い習慣に反感を抱いていたと記している。しかし、当時、盧武鉉の社会に対する批判の目は、このような狭い法曹界の外には向けられていなかった。盧武鉉はこの点について次のように述べている。

その前には釜山では、一九七九年に「釜山抗争」が起こった。金光一《キム・グウアンイル》、李興禄《イ・フンノク》弁護士が令状もなしに拘禁され、数多くの学生が連行され、拷問を受けて、監獄に送られた。にもかかわらず、当時の私はすぐ隣にいる弁護士がひどい目にあっても、それを噂として聞き流し特段の関心さえ持たなかった。多くの人が自分にはできることがないと思っており、私もそう考えていた。（同前、二一二頁）

盧武鉉は、一九四六年九月一日、今日の慶尚南道金海市進永邑烽下に、父・盧判石《ノ・パンソク》と母・李順禮《イ・スンイエ》の子として生まれた。家族関係は複雑であり、盧武鉉は、父親にとっては再婚、母親にとっては三番目の結婚の結果生まれた子であった。上には二男二女がおり、盧武鉉は三男である。

盧武鉉と李明博は多くの類似点を有している。両者はともに貧しい家に生まれ、父親は解放以前に日本で働いた経験を持っていた。李明博同様に盧武鉉も自伝で子どもの頃の苦労について事細かに記している。類似点のもう一つは、ともに大学に進学した兄を持ち、その学費を稼ぐために彼らが時に犠牲にならなければならなかったことである。李明博に、ソウル大学経済学部に通い、のちに国会副議長になる次兄・李相得がいたように、盧武鉉には釜山大学法学部に通う、長兄・盧英鉉《ノ・ヨンヒョン》がいた。

しかし、盧武鉉と李明博の道はここから異なった。それは彼らの兄の進路が分かれたからである。李明博の兄・李相得がソウル大学経済学部卒業後、ただちにコオロンに就職し、その後社長の地位にまで登りつめたのに対し、盧武鉉の長兄・盧英鉉は彼が小学校五年のとき、生活苦のためか高等文官試験をあきらめ、定職に就かず家業を手伝いながら暮らすことになったからである。次兄・盧健平《ノ・コンピョン》もまた「小さな職場」を転々とした挙句、ついには失業した。二人の兄の社会的失敗の結果、盧武鉉の実家の生計は大きく傾いた。盧武鉉はいつしか「自分が父母の世話をしなければならない」と考えるようになる。

少年時代の盧武鉉（中）

しかしながら、そのことは盧武鉉にとって兄たちの影響が小さかったことを意味しなかった。否、実際、盧武鉉の前半生を理解する上で、この兄たち、とりわけ、長兄・盧英鉉の影響を見逃すことはできない。彼の脳裏には、幼い頃に見た兄とその友人が将来を夢見て熱心に勉強する光景が、印象深く刻み込まれていた。

盧武鉉への盧英鉉の影響は、たとえば「四月革命」直前の次のようなエピソードにも表れている。中学校一年生だった盧武鉉は、「我らが大統領李承晩」という作文の課題を与えられ、これに対して白紙で答案を返す、という「白紙同盟」を友人たちと結んだ。当時の様子について、盧武鉉はのちに次のように記している。

主任の先生は、反省文を読むと、「こいつは本当に優越感の強いやつだなぁ」とつぶやき、私の方を見て、「お前は、李承晩大統領がどのようなお方か知らないのか」と尋ねた。私は「昔は独立運動をされた立派な方ですが、今は独裁政治をされている方です」と答えた。

瞬間、雰囲気が一変した。先生は「おい、お前は本当に面倒な奴だなぁ。お前のような子どもに何がわかる。誰がそんなことを教えたんだ」と目を丸くした。

「兄の話を聞きました」（同前、一七六〜一七七頁）

盧武鉉が釜山商業学校に進学したのは一九六三年。ちょうど朴正煕が民政移管を行った年に当たっている。一度は家計を助けるために地元の下級公務員になることをも考えた盧武鉉がこの学校への進学に踏み切ったのも、やはり盧英鉉の勧めによるものだったという。盧武鉉の母は、商業学校卒業後、彼が銀行に就職してくれることを望んでいたというが、当時の盧武鉉はその期待に応えられるような勤勉な学生ではなかった。商業学校を卒業した盧武鉉は、第一希望だった地元の農協を受験したものの不合格になった。その後、いったんは地元の魚網会社に就職したものの、この会社もすぐに辞めている。「その薄い［給与］封筒を見て、私は司法試験の勉強をはじめようと決心し、故郷へ戻った」。盧武鉉はそう記している。その述懐から考える限り、この時期の盧武鉉を司法試験へと駆り立てたものは、社会に対する問題意識よりも、社会的、そして経済的な上昇を果たそうとする、彼個人の旺盛な出世欲にあった、と理解するほうが正確なようである。

こうして盧武鉉は肉体労働の職場を転々としつつ、また、家業を助けながら、司法試験に備えることになる。一九六八年からは軍務に就き、一九七一年に満期除隊した。軍にいる間は、「単語一つ暗記することができなかった」という。

この間盧武鉉の二人の兄、英鉉と健平は、それぞれ一九六七年と六八年に下級公務員試験に合格し、盧武鉉の勉学を支え続けた。つまり、いつしか盧英鉉と盧武鉉の関係は反対になったことになる。盧武鉉を支え続けた盧英鉉は、一九七三年五月、交通事故でこの世を去った。死亡した兄に代わって、盧武鉉を支えたのは、同じ年一月に結婚した権良淑《クウォン・ヤンスク》だった。そうして盧武鉉は一九七五年、ようやく念願の司法試験に合格する。当時の喜びについて、彼は次のように記している。

合格の喜びは本当に大きかった。友人から話を聞くや否や、朝からずっと夫婦喧嘩をしていた妻が、恥ずかしげもなく私のひざに顔を埋めて声を上げて泣いた。
喜びで浮わついた気分は長く続いた。道に出ても、「司法試験に合格したんだ」と叫びたい気持ちで一杯だった。車に乗っても横に座っている人に声をかけて自慢したいほどだった。
（同前、一八八頁）

司法修習生生活を経た盧武鉉は、約一年間の裁判官生活を経て、弁護士へと転じた。盧武鉉自身によれば、裁判官から弁護士に転じたのは、民主化運動への関心からでも、また裁判官時代に何らかの問題があったからでもなかった。盧武鉉は司法修習生時代から、先進国における弁護士の専門化や業務領域の拡大に関心を持ち、専門性を磨くことで自らの生きていく領域を切り開いていこうとしたのである。

盧武鉉の弁護士開業は一九七八年。順調な弁護士生活を続けていた盧武鉉が、民主化運動に乗り出す大きなきっかけとなったのは、一九八一年、その前年に権力を獲得した全斗煥《ジョン・ドゥファン》ら「新軍部」による学生運動弾圧事件の一つとして知られることになる「釜林事件」に関与したからである。

二年前、朴正熙政権の崩壊をもたらした「釜馬抗争」で、同僚の弁護士が捜査令状もなく拘束されても「関心さえ持たなかった」盧武鉉が、この事件を引き受けたのは、釜山で長い民主化運動歴を持つ李興禄弁護士の応援要請があったからだった。盧武鉉は当時の状況を次のように述懐している。

そのときになっても、私は事件の内容や性格を把握するための、最小限の認識さえ持っていなかった。にもかかわらず、弁護に立ち上がったのは、何事も恐れず、避けずに行こうと考えたからだった。（同前、二一三頁）

弁護士時代の盧武鉉　租税問題を専門に活躍していた盧武鉉が政治に関心を持ったきっかけは，1981年の釜林事件だった

とはいえ、盧武鉉が本腰を入れてこの事件の弁護活動に取り組むようになるのは、教導所で拷問を受けた学生たちと接見してからのことであった。それまで政治活動にさほどの関心を持たなかった盧武鉉は、拷問の痕が歴然とする彼らの姿を見て愕然とする。彼は当時の心境を次のように記している。

目の前が真っ暗になった。いったいこの世にどうしてこんなことが……想像したこともないその姿に息が詰まった。怒りで頭のなかがかき乱され、血が逆流する思いだった。本当にどうしようもないほど大きな衝撃だった。

（同前、二一四頁）

盧武鉉の世界観は一変した。こうしてこの事件をきっかけに、盧武鉉は釜山地方の「人権派弁護士」の一人として、さまざまなかたちで民主化運動に従事するようになる。やがて一九八六年頃には、盧武鉉は弁護士活動を事実上中止し、活動の中心を「政治」へと移していくことになる。

かつてはヨットを愛する一介の租税分野専門弁護士に過ぎなかった盧武鉉を、民主化運動の闘士へと一変させた背景には、どのような時代状況があったのだろうか。次に李明博の目から、同じ時代を見てみよう。

財閥への圧力——李明博

一〇・二六［朴正熙暗殺事件］以後、いわゆる「ソウルの春」がやってきた。しかし、春らしくない春だった。そしてそのような変な春が続いていたある日の午前一一時三〇分頃のことだった。見慣れない男たちが、光化門の社屋内の私の事務室にやってきた。

（『神話はない』一六〇頁）

　一九七九年一〇月二六日夜。朴正煕を暗殺した金載圭は、中央情報部に鄭昇和《ジョン・スンファ》陸軍参謀総長を招いて大統領死去の事実を告げ、参謀総長の職権で戒厳令を布告することを要求した。

　戒厳令は、憲法の規定により大統領権限代行となった崔圭夏《チェ・ギュハ》国務総理によって、翌日早朝裁可され、済州島を除く全国に発布された。その日、金載圭は、暗殺現場に同席した金桂元秘書室長が事件の真相を暴露したことにより逮捕された。早速、真相究明のための作業が開始された。

崔圭夏大統領（左）　崔圭夏政権（1979年10月～80年8月）は，朴正煕暗殺によって崔が大統領代行になることで成立した．崔圭夏はその後，正式な大統領に就任するが，実権は「粛軍クーデタ」により軍内の主導権を握った全斗煥らに移っていった

　捜査の総責任者である合同捜査本部長に就いたのは、全斗煥国軍保安司令官だった。全斗煥は、一一月六日、事件の全貌を発表し、一二月六日には崔圭夏が統一主体国民会議により正式に大統領に選出された。

　一二月一二日、参謀総長にして戒厳令司令官の鄭昇和が、銃撃戦の末、合同捜査本部の憲兵隊に連行されるという事件が発生する。のちに「一二・一二軍事反乱」と呼ばれるこの事件での鄭昇和の容疑は、朴正煕暗殺における金載圭への「共助」だった。鄭昇和の逮捕は、崔圭夏大統領の裁可なしに行われた、一種の軍内クーデタ事件だった。

軍内の不穏な動きの一方で、朴正煕の死は、民主化への期待ももたらした。一二月二一日、崔圭夏は大統領就任式で、「今後一年以内に憲法を改正し、可能な限り早い時期に公明正大な選挙を実施する」と宣言し、翌一九八〇年二月二九日には、金大中を含む、六八四名の公民権回復が行われた。金泳三、金大中、そして、民主共和党の金鍾泌の三人が、次代を担う政治家として注目され、いわゆる「三金時代」の到来が叫ばれた。

このようななか、韓国各地では、崔圭夏の退陣と早期民主化を求める人びとによるデモが頻発し、事態は次第に騒然となっていった。だが、「一二・一二軍事反乱」で軍内の実権を握った全斗煥らは、こうした動きを許そうとはしなかった。朴正煕と同じく大邱・慶尚北道出身の人びとを中心とし、「維新体制」護持を当然と考える彼らは、朴正煕や金鍾泌らの「旧軍部」に対して、「新軍部」と呼ばれている。彼らはやがて、自ら直接政権を窺うようになり、そのための二度目のクーデタを敢行する。今度の目標は、軍内ではなく、政治の実権を握ることにあった。

事態は次のように展開された。まず五月一七日夜、戒厳令が済州島を含む全国に突如拡大された。その結果、憲法の規定により、戒厳令司令官は、李熺性陸軍参謀総長から、崔圭夏大統領に移る。そして全斗煥らはこの崔圭夏の裁可を受けるかたちで、金大中をはじめとする政治家、学生運動指導者、労働組合幹部らを一斉に逮捕した。彼らは同時に、金鍾泌民主共和党総裁や李厚洛元中央情報部長といった旧政権の幹部らも不正蓄財容疑で連行した。

金大中の逮捕は、彼の政治的基盤である全羅南道、光州で彼の「即時釈放」を求める市民たちの蜂起をもたらした。「光州事件」の開始である。それは朴正熙政権が金泳三を国会議員から除名したことが、彼の政治基盤である慶尚南道、釜山・馬山での市民蜂起をもたらしたのと同じであった。

しかし、「釜馬抗争」の結末を知る「新軍部」の「光州事件」への対処は、過酷を極めた。五月一八日からの一〇日間、光州では空挺特戦部隊と警察部隊による徹底した鎮圧活動が行われた。今日その数は、死者二四〇名、行方不明者四〇九名、負傷者五〇一九名とされている。五月二〇日には、このような動きに対して批判を強めていた金泳三にも自宅軟禁が実施された。こうして「三金時代」は、はじまるまもなく終結した。

光州事件（1980年５月18〜27日）　民主化運動における最大の悲劇．事件の直接的な契機は，金大中の逮捕だった．背後には，全羅道における金大中の圧倒的といえる影響力が存在した．写真は道庁前の市民決起集会

現代建設社長李明博が、突然見知らぬ男たちに連

行されたのは、ちょうどそのような時期のことだった。一言の説明もなく独房に放り込まれた彼は、いったん許されて会社へ戻ったが、仕事の整理をした後、あらためて中央情報部の地下室へと連行された。容疑は、現代グループの会長である鄭周永による「三金」、つまり、金泳三、金大中、金鍾泌の三者への政治資金提供であった。背後には、「三金」と財閥の関係を暴露することで、彼らを不正蓄財の罪で処罰しようという「新軍部」の思惑があった。「自分は『三金』氏にあったことさえない」、そう主張する李明博に、調査官は次のように述べた。

> 我々も調査の結果、あなた自身が政治資金を与えたことはないと思っている。しかし、鄭会長が政治資金を与えたという情報は存在する。だが、鄭会長は老人であり呼び出して調査することはできない。あなたなら鄭会長が誰にどれだけ与えたかを具体的に知っているのではないか。
>
> （同前、一六二頁）

しかし、李明博はこれに対して、自分は鄭会長が「三金」に資金を提供したという話を聞いたこともなく、会長はそのような人物でもない、と重ねて反駁した。困惑した調査官は、ここで次のような妥協案を提示した。「李明博は鄭会長が彼らに政治資金を提供するのを見たことがない」「その代わりに鄭会長が彼らに政治資金を与えた可能性はある」という調書に署名せよというのである。調査官は拷問を暗示して、その署名を強要した。李明博は次のように述べて抵抗したという。

私は政治資金が何なのかもわかりません。鄭会長も朴正煕大統領にどのようにされたのかは知りませんが、今日、「三金」氏に政治資金を与えたことは絶対にありません。また、現代グループの会社が政治資金を出したこともありません。（同前、一六三頁）

全斗煥（左） 全斗煥政権は民主化勢力を厳しく弾圧する一方で，その憲法体制内は一定の範囲ながら民主的な要素を持っていた．とりわけ，政権当初から大統領任期を1期7年に限ったことは決定的だった．1987年の民主化運動はその直接的な帰結でもあった

この李明博の回顧が、どの程度正確に、当時の現代財閥と「三金」の関係を表しているのかはわからない。しかし明らかなことは、李明博と現代財閥が大きなディレンマのなかに置かれていたということだった。すなわち、「三金」へ政治資金を提供したことを認めれ

ば、鄭周永は「不正蓄財」に手を貸したとして処罰される。だが、同時にこれを拒絶すれば、「新軍部」による、鄭周永と現代財閥への報復措置があろうことは容易に予想することができた。

事実、李明博はこの苦境を切り抜けることにこそ成功したものの、その後も「新軍部」と現代財閥の関係は決して円滑ではなかった。李明博はのちにこの「新軍部」時代を、現代財閥と自らにとって苦難の時代だったと回顧している。

たとえば政権獲得後「新軍部」は、朴正熙の生前から進められていた「重化学工業投資調整」の矛先を現代財閥に向けた。最大の争点は、自動車産業をどうするかだった。政府の腹案は、現代自動車と大宇自動車、そして、亜細亜自動車の三つの自動車会社を統合することだったが、現代財閥はこれに強く反対した。政府は、自動車事業から撤退する代わりに、発電事業でプレミアムを与えることを示唆して、現代財閥に対して強い態度で臨んだ。

しかし、現代財閥は自動車を選び、政府との交渉には李明博が当たることになる。政府側との交渉は数日間にも及び、李明博は何とかその意思を貫くことに成功する。しかし、現代財閥はその後も、「新軍部」と対立を続けた。たとえば全斗煥政権は、鄭周永に日本の経団連会長に当たる、全国経済人連合会会長の職を辞することをも強要したという。

盧武鉉と李明博。弁護士と財閥系大会社の社長という違いはあるにせよ、彼らは次第に政治に疑問を感じるようになっていくのである。

死刑判決から再度の亡命——金大中

李明博が「三金」への資金提供の疑惑で中央情報部に呼ばれていた同じ頃。当の「三金」の一人である金大中は、「社会不安醸成および学生・労働運動等騒擾の背後操縦」の嫌疑で、同じ中央情報部の取調べを受けていた。

「新軍部」にとって、「光州事件」は金大中への処罰を正当化する絶好の口実となった。すなわち、この事件こそ、金大中が背後で操り引き起こした、大規模な内乱陰謀事件だというのである。

一九八〇年七月四日、戒厳司令部は「金大中一党の内乱陰謀事件の捜査結果」を発表する。「捜査結果」の前文は次のように述べている。

戒厳司令部合同捜査当局は、さる五月二二日、金大中に対する中間捜査結果を発表して以後、継続して金大中と追従分子一党の内乱陰謀嫌疑に対し集中的に捜査を進めてきた。その結果、金大中と追従分子一党たちが「国民連合」を主軸に、前衛勢力としてぼう大な私組織を形成、おもに復学生を行動隊員として前面に出し、大衆煽動により学園騒擾事態を引き起こして、これを暴力化し、全国一斉に民衆蜂起を引き起こすことによって流血革命事態を誘発、現政府を暴力で転覆、打倒した後、金大中を首班とする過渡政権を樹立、執権しようとする内乱陰謀行為の全貌が今度の捜査過程で明らかにされた。

（『わたしの自叙伝』四九四頁）

軍事法廷で裁かれる金大中（**1980年8月14日**）　軍事政権に危険視された彼は，内乱陰謀，内乱煽動など7つの罪で収監された

金大中に対する主要な嫌疑は、彼が鄭東年という青年を通じて、デモ活動資金五〇〇万ウォンと煽動文の原案などを渡し、光州事件の発端となった全南大学及び朝鮮大学生の街頭デモを引き起こしたというものだった。彼はこの嫌疑により、内乱陰謀、内乱煽動、戒厳法違反、戒厳法違反教唆、国家保安法違反、反共法違反、さらには、外国為替管理法違反の七つの罪に問われていた。

裁判は主として、鄭東年の自白調書によって支えられた。鄭東年は拷問に耐え切れず嘘の供述をしたことを苦にし、獄中で二度も自殺を図ったと言われている。

金大中らに対する、第一審に当たる戒厳軍普通軍法会議の判決は一九八〇年九月一七日。判決は大方の予想通り、死刑だった。金大中は早速、戒厳高等軍法会議に控訴したものの、一一月三日、当然のように棄却された。金大中は一一月八日、最高裁判所である大法院に上告した。

その頃、海外ではこの裁判に対する関心が次第に高まりつつあった。日本政府の正式な滞在許可を得ての活動であったにもかかわらず、拉致事件以前における金大中の日本での言動が裁判の訴因の一つとされたことは、日本政府を大きく刺激した。ヨーロッパでは西ドイツのシュミット首相が連邦議会で「金大中被告の釈放」を求める異例の呼びかけを行った。

こうしたなか、一九八一年一月一八日、「新軍部」側から金大中にある説得が行われた。つまり、自ら減刑嘆願書を書き提出せよ、というのである。説得に当たった係官は次のように述べたという。

あなたは死刑囚だ。あなたの刑を減刑するには閣議での議決が必要だ。それには、形式的にもあなたが自分の行為に責任を感じ、今後、政治活動をしないという一札が必要だ。いま、政府内ではあなたの減刑に猛烈に反対するグループがある。協力してほしい。これは決して公開しない。（同前、五一四頁）

こうして、金大中は次のような「一札」を書くこととなる。

私は今後、できるだけ言動を慎み、政治にはけっして参加しないことを約束する。そして、わが祖国の民主的発展と国家の安全保障のために、積極的に協力する覚悟である。

（同前、五一四頁）

結局、大法院は一月二三日、下級審と同じく、死刑判決を下すものの、韓国政府は即座に臨時閣議を開き、金大中の刑を無期懲役に減刑した。事前の約束に反して、減刑嘆願書は公開され、金大中を支持する多くの人びとに衝撃を与えることになる。

金大中は清州《チョンジュ》刑務所の「特別の独房」に収監された。一九八一年三月三日、新しく制定された「第五共和国憲法」に則って大統領に就任した全斗煥は恩赦を実施して金大中の刑を無期から懲役二〇年に減刑した。そして、翌八二年の年末、金大中は再びある説得を受ける。耳鳴りと股関節の治療のために、アメリカに出国しないか、というのである。

いったんはこれを拒絶し、国内で治療を受けることを希望した金大中だったが、健康状態を憂慮する李姫鎬夫人の強い意見もあり、結局は出国を決意することになる。出国に際して、金大中は再び次のような文章を書かされた。

閣下もご存知のとおり、私は刑務所生活が二年半になりますが、元来の持病である股関節病と耳鳴りの疾患などで苦労しております。私は閣下が出国許可を出してくだされば、アメリカで二、三年滞留しながら、完全な治療を受けようと希望しております。許可してくだされればこれ以上の幸せはありません。
あわせて私は今後国内外でいっさいの政治活動をせず、また、国家の安保と政治の安定を害する行為をしないとお約束します。閣下の善処をお願い申し上げます。
（同前、五三〇頁）

金大中は、いったんソウル大学の付属病院に移された後、一二月二三日、ソウルを出発、シアトルを経てワシントンにたどり着いた。こうして、金大中の二度目の亡命生活がはじまった。

それでは同じ頃、野党のもう一人の大立者金泳三は何をしていたのだろうか。

断食闘争――金泳三

政局はさ迷っていた。「一二・一二事件」後、流言飛語が入り乱れる中で、先の見えない「霧に包まれた政局」が続いていた。政府の一部では二院制の構想がささやかれはじめたかと思えば、全斗煥を中心とする新軍部の動きもただならぬ状況だった「一二・一二事件」と崔圭夏の浅慮な態度は、政局を霧の中に追い込む根源だった。

（『金泳三回顧録』第二巻、一四九頁）

朴正熙の死によって訪れたつかの間の「ソウルの春」。それは一面では、維新クーデタ以来、「鮮明路線」を貫き、闘争を続けてきた金泳三の勝利の結果だった。一九八〇年一月二五日、だからこそ、年頭の記者会見で金泳三は「新民党が執権するのは自然の摂理である」と前置きして、次のように自信満々に述べた。

我々は「長かった歴史の暗闇を経て、希望に満ちた八〇年代の黎明を迎えた」。「共和党は野党になれただけでも国民に感謝しなければならない」。それはあたかも、すでに新民党が選挙で勝利し、彼自身が大統領になったかのような口ぶりだった。

しかし、状況は、金泳三が考えたようには動かなかった。金泳三の理解によれば、最大の問題は大統領となった崔圭夏が自らの地位に汲々《きゆうきゆう》とし、民主化に対して中途半端な立場をとり続けたことにあった。だからこそ金泳三は繰り返し、崔圭夏に民主化、すなわち、非常戒厳令の即時廃止と金大中を含む人びとの政治的赦免、さらには、「民主的な選挙」実施のためにできるだけ早い時期に憲法改正を実施することを訴えた。金泳三はこの目標のため、「民主勢力」の「大同団結」を主張し、与党勢力に対するいかなる政治的報復をも否定した。

だが、「民主勢力」は分裂した。二月二九日、崔圭夏の大統領就任と同時に公民権を回復した金大中に対して、金泳三が総裁を務める新民党は顧問への就任を要請した。しかし、金大中はこれを拒絶する。金泳三によれば、金大中は「新民党に入党したことはない」と前置きし、自らを含む在野、つまり、国会外勢力の入党については、その立場とあわせて、「原点に基づき協議しなければならない」と述べたという。金大中は金泳三が主導権を握る新民党のなかに埋没するのをおそれた。背景には、金大中の来るべき大統領選挙に対する強い意欲が存在した。

四月五日には、新民党の政務会議が開催され、常務委員会の構成案が金泳三案のまま採択された。これに対して、二日後、金大中は「[自らの意見を受け入れない]新民党の姿勢から、入党して政治生活をするのは難しい」と述べている。こうして、金大中は新民党から離脱し、野党系勢力は大きく二つに分裂する。

野党が混乱を続けるなか、事態は否応なしに進行していった。四月一七日、国務総理申鉉碻が改憲は「政府主導で行う」ことを明らかにしたことをきっかけに、大学街や炭鉱で反政府デモが発生した。すでに述べたように、五月に入るとデモは激しさを増し、ついには、五月一七日、「新軍部」によるクーデタが勃発する。五月二〇日には金泳三自身も軟禁された。外部との接触を遮断された金泳三は、新民党総裁の辞職と政界引退を発表した。それだけが「唯一の抵抗手段」だったからだ、金泳三はのちにそう語っている。

金泳三に対する第一次軟禁は一九八一年四月三〇日まで継続された。そしてこの軟禁が解除されたのちの六月九日、彼はかつての同僚議員から、ソウル市内の三角山《サムガクサン》への登山に誘われた。これをきっかけに金泳三は登山に勤《いそ》しむようになる。とはいえ、金泳三にとって、登山は趣味以上の意味を持っていた。金泳三はその名も「民主山岳会」なる名の親睦団体を結成し、参加者には「東橋洞系」を中心とする、かつての新民党幹部たちが名を連ねた。ここに元野党幹部たちが登山を名目に集まり、山を登りながら政治活動をするという特異な団体が生まれることになる。

当時「第四共和国」期までの野党・新民党は、一九八〇年一〇月二二日の「第五共和国」憲法発布と同時に強制解散させられ、かつての幹部の多くが、「新軍部」に膝を屈して、その操縦下にある「官製野党」の民主韓国党に入党するか、あるいは浪人の悲哀を舐めるかしていた時期だった。このようななか結成された「民主山岳会」は、たちまちのうちにこれらの政治家を糾合する中心となった。民主山岳会は一九八二年の忘年会には五〇〇人もの参加者が集まるまでに膨れ上がり、その活動は全斗煥政権を大きく刺激した。

結果、一九八二年五月三一日、金泳三に対する第二次軟禁が実施された。この年の末には、ライバル金大中も、全斗煥政権に対する屈辱的な嘆願書を残してアメリカへ発ち、金泳三は孤立感を強くしていった。金泳三の回顧録には、一九八一年の金大中の自筆による嘆願書が「韓国の民主主義に大きな衝撃を与えた」ものとして、皮肉たっぷりに掲載されている。もっとも、金泳三の回顧録は自ら自身にも非難の目を向けている。

自分自身に対しても呵《か》責《しゃく》と傷心が入り乱れた。一〇・二六以後、「五人部屋」や「七人部屋」という新軍部の動向に対するさまざまな噂が飛び交い、私も内心ではクーデターを憂慮していた。しかしこれをあからさまに表現することはできなかった。私はクーデターのような不幸な事態を防ぐには何よりも政治日程を短縮することが大事だと判断し、一貫してそれを推し進めてきた。しかし結果的には野党の総裁として新軍部のクーデターを阻むことができなかった。「ソウルの春」はもはや「厳しい冬」と化した。

（『金泳三回顧録』第二巻、一六九頁）

山を登る金泳三　民主山岳会のメンバーと

このような閉塞感を打破するために、金泳三は一つの決断を下した。

一九八三年五月一六日、「国民へ送る言葉」を発表した金泳三は、すでに「新軍部」による民主主義弾圧の象徴的事件となっていた「光州事件」三周年の五月一八日を期して、全斗煥政権に抗議する無期限断食を敢行した。金泳三の断食は海外のメディアからも大きな注目を浴び、五月二四日にはワシントン滞在

金大中との8・15共同宣言を発表する金泳三
(1983年8月15日)

中の金大中も、金泳三への連帯の意志を表明した。五月二五日、金泳三は政府により強制的にソウル大学病院に移送されたものの、「命が危険な状態になるまで」断食を続け、その断食は二三日間の長きに及ぶことになる。この断食により軟禁は解除され、金泳三は政治活動の自由を得ることに成功する。

断食は、金泳三が金大中との連帯を回復する契機にもなった。両者は、一九八三年八月一五日、「八・一五共同宣言」を連名で発表する。金泳三と金大中の関係修復を受けて、両者を支持する勢力も動きを開始した。こうして一九八四年五月一八日には、金泳三系と金大中系の連合組織としての、「民主化推進協議会」が結成される。「民主化推進協議会」は、その後、「官製野党」に代わる新党結党運動を展開し、その成果は一九八五年一月一八日、新韓民主党の結党へと結実する。略称は、かつて「新軍部」によって強制解散させられた政党と同じ「新民党」だった。

「新軍部」はこの新党に対処すべく、第一二代国会議員選挙を予定より繰り上げ一九八五年二月一二日と設定した。準備期間を少なくすることにより、与党有利の状況をつくり上げようとしたのである。しかし、投票日わずか四日前に、金大中が周囲の反対を押し切って帰国したことにより勢いを増した新韓民主党は二七六議席中、地方区五〇議席、全国区一七議席を獲得し、一四八議席を獲得した与党・民主正義党に続く、第二党に浮上した。第三党にとどまった「官製野党」民主韓国党は行き場を失って瓦解し、その所属議員の多くが新韓民主党に入党した。

こうして国会では、一四八議席の与党・民主正義党に、一〇三議席を有する巨大野党・新韓民主党が対峙するという状況が生まれた。この勝利により勢いを得た野党勢力は、「第五共和国」憲法が自ら大統領選挙の年と定めた一九八七年に向けて攻勢を強めた。野党と民主化勢力の求めたもの、それは大統領直接選挙制への憲法改正と、新たなる憲法下での公正な大統領選挙の実施であった。抗争は一九八七年六月、頂点を迎え、「新軍部」はこれに屈服することになる。

しかし、一九八七年の民主化もまた、「物語の終わり」を意味しなかった。

第9章　「第六共和国」の興亡——一九八七～二〇〇二年

「ウルトラC」——金泳三

［一九八七年］一二月一六日第一三代大統領選挙が実施された。有権者総数二五八七万余名の内、八九・二％が投票に参加し、私が約六三三万票、盧泰愚が八二八万票、金大中が六一一万票という集計結果が出た。高い投票率は、国民の大統領直接選挙に対する熱望がどれ程大きかったかを証明する数字だった。しかし、選挙結果は国民大多数の希望とはかけ離れたものだった。再び歴史に登場してはならない軍部勢力が衣を替えて現れるという結果になった。

（『金泳三回顧録』第三巻、一〇九頁）

一九八七年の韓国の民主化——それはたしかに民主化を求める数多くの人びとの勝利の結果だった。しかし、そこにいたる過程で、もっとも重要な役割を果たした人物を一人だけ挙げるなら、ここでもやはり金泳三であろう。なぜなら、朴正熙政権から全斗煥政権と続いた二代にわたる権威主義政権を相手に、国内でもっとも直接的な運動を行ったのは、彼だったからに他ならない。

朴正熙政権下の金大中拉致事件や、全斗煥政権下の死刑判決に見られたように、たしかに金大中は金泳三より、ときどきの政権に警戒され弾圧された。金大中はだからこそ活動の手足を縛られ、直接的な活動ができなかった。厳しい軟禁生活や、獄中、あるいは亡命下での生活。全斗煥政権下の二度の「嘆願書」に典型的に表れたように、生き残ることにさえ精一杯だった金大中に、できることは限られていた。

それに対して金泳三には、一定の活動の自由があった。二代の権威主義政権は、金大中と金泳三という二人を等しく弾圧することにより、国内外から批判を浴びることを警戒した。だからこそ、彼らは二人のなかから、金大中を主たる弾圧対象に選び、金泳三には限定的ながら一定の政治活動の場を与え続けた。その意味で金泳三は権威主義政権によって「選ばれた」挑戦者であり、彼はこの「選ばれた」闘争に勝利した、といえる。

しかし闘争に勝利した彼は、民主化直後の政局で、真の「勝者」となることはできなかった。新韓民主党は、民主化闘争の最中、穏健派と強硬派に分裂し、金泳三と金大中を含む強硬派は、一九八七年四月一三日、統一民主党発起人大会を開いて、事実上、新党を立ち上げた（正式発足は五月一日）。背後には、なんとかしてこの機会を利用して民主化を達成しようとする、金大中と金泳三という、二人の民主化運動の指導者の結束があった。

それに対して、民主化運動を阻止したい全斗煥は賭けに出た。四月一三日、ラジオで特別談話を発表した彼は、野党の穏健派と強硬派への分裂に乗じて、「任期中の憲法改正は不可能であると判断した」と述べ、「国論を分裂させる改憲論議をやめること」を宣言する。しかしながら、この全斗煥による強硬措置はかえって野党とこれに連動する民主化勢力を強硬路線でまとめさせることになる。

こうして運動は六月に入って最高潮を迎え、韓国各地で展開されたこの「六月抗争」に押された「新軍部」は、一九八七年六月二九日、盧泰愚《ノ・テウ》民主正義党代表の口を借りて、いわゆる「六・二九宣言」を発表した。

内容は、第一に、大統領直接選挙制を実施すること、第二に、金大中の赦免・復権と政治犯を釈放すること、第三に人権を尊重し国民の基本権を保障すること、であった。これを受けて金大中や金泳三率いる勢力は、早速、与党との憲法改正交渉に入り、この憲法は一〇月二七日、国民投票により確定する。こうして「第六共和国」がスタートする。

金泳三と金大中により主導されて実現された韓国の民主化。しかし両者の結束は、その民主化が達成されたがゆえに瓦解する。皮肉なことに問題となったのは、この「第六共和国」では、彼らが求めたとおり、「大統領直接選挙制」が採用され、当然のことながら、そこでは野党は候補者を一人に絞り込まなければならなかったことだった。

金大中と金泳三は、ここでともに自らが野党を代表して大統領候補となるべきであると主張し対立しはじめる。

状況を複雑にしたのは、民主化の過程で両者が幾度か、「相手に大統領候補の座を譲る準備がある」と言明していたことだった。一度は、盧泰愚による「六・二九宣言」から遡ること八ヵ月前、ソウルの建国大学で、全国二六大学の学生代表たちが籠城事件を起こしたときのことである。全斗煥政権はこのような学生たちの動きに対して八〇〇〇人もの警官を動員し、一一八五人を連行して弾圧した。

この事件に際し金大中は、一九八六年一一月五日、「学生を釈放し、大統領直接選挙を受け入れるべきである。そのかわりに私は大統領選挙には出ない」と言い、これに対して金泳三は「もし金大中が復権した場合には、大統領候補は金大中氏に譲る」と応じた。

ちなみに金大中によれば、同じような両者のやりとりはすでに一九八五年七月一〇日にも行われていた。このときには、金大中が「憲法改正が成立し直接選挙制が導入されたら、金泳三議長、あなたが大統領候補になるべきだ」と述べ、これに対して金泳三は「私は民主化が実現したら故郷へ帰るつもりだ。総裁にもならないし、大統領選挙にも出ない」と応じたという。もっとも金泳三は、このやりとりそのものを認めていない。

ともあれ、一九八七年夏、両者は各々の過去の言葉をもって、相手がすでに大統領選挙立候補辞退を宣言したのだ、と主張した。度重なる会談が持たれたものの結論は出ず、両者はついに決裂する。

このとき両者の間で持たれた最後の会談について、金泳三は次のように回顧している。

> 九月二九日、私は金大中と外交クラブで再び会った。周囲の心配にもかかわらず、私はこの日相当な期待をもって会談に臨んだ。私は、国内で粘り強く民主化闘争をしてきた私に候補を譲るように勧めた。金大中はついに譲るとは言わなかった。交渉は決裂した。候補一本化への希望が壊れた悔しい一日だった。（同前第三巻、八六頁）

こうして金泳三は総裁を務める統一民主党、金大中は新党・平和民主党を結党し、それぞれ大統領選に立候補する。

1987年大統領選挙と地域主義

盧泰愚	金泳三	金大中	金鍾泌
8,282,738	6,337,581	6,113,375	1,823,067
35.9%	27.5%	26.5%	7.9%

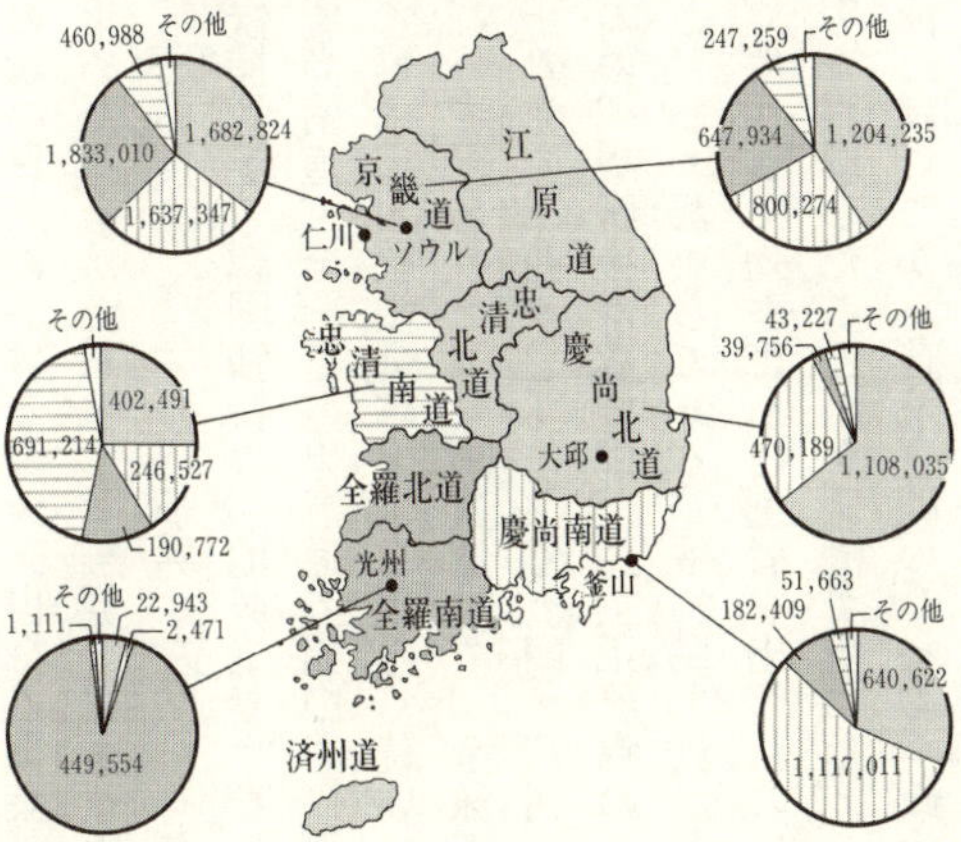

結果はこの章の冒頭における金泳三自身の言葉が示すように、金大中、金泳三の両名で過半数の票を集めたにもかかわらず、与党・民主正義党候補、盧泰愚が三六％あまりの得票率で勝利した。この選挙で、「一盧三金」と呼ばれた、盧泰愚、金泳三、金大中、そして金鍾泌の四名の候補者が、韓国独特の「地域主義」を利用して、それぞれの生まれ故郷である、慶尚北道、慶尚南道、全羅道、忠清道で集中的に得票したことはよく知られている。

金泳三の苦難は、大統領選挙後もしばらく続いた。一九八八年四月二六日、前年の大統領選挙に引き続いて行われた国会議員選挙で、金泳三率いる統一民主党は、その得票率でこそ、与党・民主正義党の三四・〇％に次ぐ二四・八％の得票を集め、平和民主党の一九・三％を押さえたものの、議席獲得数では、民主正義党の一二五議席、平和民主党の七〇議席に続く、五九議席にとどまったからである。平和民主党が全羅道の強力な地域感情を背景に、小選挙区制をうまく生かして効率よく当選者を出したのに対し、統一民主党は全国の各選挙区で、相対的に幅広く得票したことがかえって仇になったかたちである。

そして金泳三はここから苦境打開のための「政治的ウルトラC」を行うことになる。地域主義に支えられた、「一盧三金」の対立構造は、結果として、民主正義党、平和民主党、統一民主党、そして、金鍾泌率いる新民主共和党の四党構造をもたらした。とりわけこ
こで与党・民主正義党が国会での単独過半数を獲得できなかったことは、政治をきわめて不安定なものとさせていた。

苦境に陥った盧泰愚大統領は、一九八九年末、野党三党各党と個別に交渉を行い、民主正義党との合同による政界再編を模索する。そして、金泳三は、大方の予想を裏切って、この盧泰愚の提案を受諾した。新民主共和党の金鍾泌も提案に応じ、一九九〇年一月二二日、劇

盧泰愚（中央）　盧泰愚政権は過渡的な存在であったが，韓国の民主化を考える上で重要な位置にある．盧泰愚政権成立の結果，韓国では民主化以後も権威主義的な勢力が温存され，体制の移行過程は他国よりはるかに緩やかなものになった

三党合同を発表する三党首（1990年1月22日）　左から金泳三，盧泰愚，金鍾泌．民主正義党，統一民主党，新民主共和党は合同し民主自由党を結成，巨大与党が誕生した

的な三党統合が実現する。国会全二九九議席の内、実に二一八議席を占める巨大与党の出現であった。民主自由党と名づけられたこの政党で、金泳三は、党総裁の盧泰愚に続く第二位のポスト、党代表最高委員に就任した。

長年にわたって野党の総裁を務め、二代の権威主義政権との戦いの先頭に立ってきた金泳三の「与党入り」は、人びとに大きな驚きをもって受け止められた。記者会見で金泳三は次のように述べている。

この四〇年間一貫して野党だった。生命の危険にもさらされ、多くの苦痛も被った。しかしもはや時代は驚くほど変わった。民主対反民主党という二分法的思考では世界史の変化に足並みをそろえることはできない。グローバリゼーション時代の民主主義を打ち立てるためには骨身を削る苦痛に打ち勝たねばならない。（同前第三巻、二〇三頁）

時は一九九〇年代に入り、冷戦体制が崩壊し、社会・経済両面のグローバル化が注目される時期にさしかかりつつあった。金泳三はこの自らの政治的選択を「新思考」と名づけ、新しい時代にふさわしい柔軟な考え方であるとして喧伝した。

金泳三の「ウルトラC」は結果として成功に終わった。当初は党内において少数勢力しか有していなかった彼は、自らが党内におけるもっとも有力な次期大統領候補者だということを利用して、盧泰愚大統領兼総裁をはじめとする、党内のライバルたちを蹴落としていった。こうして党内の主導権を握った彼は、一九九二年五月一九日、ついに民主自由党の大統領候補の座を獲得する。

一九五〇年代に政界入りを果たし、数々のライバルを駆逐し、野党内の主導権を維持してきた金泳三は、元来が優れた「政党政治家」であり、その能力の高さは時に囲碁にたとえて「政治九段」という言葉で表現された。そしてその「政治九段」を前にしては、「新軍部」出身の政治家たちは、しょせん政党政治のアマチュアでしかなかった。

大統領選当選直後の金泳三（1992年12月19日） 金泳三政権は，ようやく実現した「文民政権」として当初は国民の期待が大きかった．だが，1997年はじまった通貨危機からの経済低迷のなかで政権は終焉を迎える．現在，金泳三は韓国人がもっとも低い評価を与える歴代大統領の一人になっている

こうして四年前の国会議員選挙で第三位の議席獲得に終わった野党政治家金泳三は、一躍、巨大与党の大統領候補として登場した。そして、迎えた一九九二年一二月の大統領選挙。金泳三は、一九〇万票あまりの差をつけて大統領選挙に勝利した。

「未来の大統領金泳三」――かつて自らの下宿にそう書いて貼り付けた中学生は、いつしか六四歳になっていた。

引退を翻しての大統領当選――金大中

私は長年の政治生活にけじめをつけ、政界引退を決めました。本日、国会議員を辞職し、平凡な一市民に戻ります。四〇年に近い間の波瀾多い政治生活に事実上の終わりを告げることになります。長い間、支援いただいた国民のみなさまに泰山のような恩をいただきながら、何一つ報いもできず政界を去ることに対して、心からお詫びを申し上げます。
(『わたしの自叙伝』六二〇頁)

韓国における民主化の最大の特徴の一つは、その後半部において、権威主義政権を支えた勢力と、民主化勢力との破滅的な衝突をもたらさず、比較的スムーズに進展したことである。たとえば、一九八〇年には光州事件という大きな悲劇が存在した。しかし、一九八七年にはこれに匹敵する大きな事件は起こらなかった。

権威主義政権からの民主主義体制への円滑な移行の背後にあったのは、かつての権威主義体制を支えた「新軍部」勢力の排除が、細やかな段階を踏んで行われたことだった。その原因はいくつか考えることができる。

第一は、権威主義政権側が、自らが極端に追い込まれる前に、「六・二九宣言」を出して、民主化勢力の要求を飲んだことである。これにより、逆に「新軍部」勢力は民主化後の政治過程に、一つの政治勢力として参加することが可能になった。

第二に、野党側の失策もあり、「新軍部」の流れを汲む盧泰愚が、「第六共和国」初代大統領に当選したことである。その結果、かつての「新軍部」勢力は、全斗煥前大統領に近い一部の勢力が「第五共和国」時代の政治腐敗と光州事件の責任を取って排除される一方で、多くが政権にとどまることができた。

第三に、民主自由党の結成とその後の同党内での主導権争いの結果、金泳三の政治的覇権が確立したことである。これにより、政権・与党内部に残っていた「新軍部」勢力は、国会内の与野党対立や、激しい街頭活動によってではなく、民主自由党内の勢力争いにおいて金泳三に各個撃破されるかたちで排除されていった。その意味で、民主自由党の結党と、そのなかでの金泳三の主導権確立、そして一九九二年の大統領選挙勝利は、それぞれ韓国の民主化の重要なステップだということができた。

しかし、同じことは金大中にとっては、まったく異なるものとして現れた。なぜなら、この「緩やかな『新軍部』勢力排除」の過程が、民主自由党内の「コップのなかの嵐」として展開された結果、金大中はここから完全に疎外されることになったからである。もっともそのことは、金大中がこの過程に加わる「機会」を最初から与えられなかったことを意味しなかった。三党合同の過程で盧泰愚は、金大中と平和民主党にも、民主正義党との統合を呼びかけており、「機会」は存在したからである。金大中は次のように回想する。

実は盧泰愚大統領は、当初、合党問題を私にもちかけたのです。さきほど申し上げました八九年暮れの、青瓦台で行なわれた野党の三人の総裁と大統領との与野党党首会談のあとのことでした。「二人だけで話がある」ということでしたので、あとに残りました。何の話かと思いました。（同前、六〇四頁）

しかし、金大中は統合の呼びかけには応じず、翌年一月二二日に三党合同が発表される。「そこまで大胆な合同を行なうとは考えてもいませんでした。野党の統一民主党が与党と合同するなど、そのような大胆な豹変は韓国の政治史上、前代未聞のことでした」。金大中はそのときの驚きについて、のちにこう述べている。

三党合同と民主自由党の成立は、金大中と平和民主党を絶対的な少数勢力の地位へと追い込んだ。しかし、金大中はまだいくつかの望みを持っていた。一つは巨大与党である民主自由党の分裂である。すでに述べたように、結党後の同党では、「新軍部」系勢力と金泳三系勢力が激しい主導権争いを続けており、この過程で敗れた旧民主正義党系勢力の一部は、民主自由党からの脱党の動きを見せていた。もう一つは、一九九二年二月八日、現代財閥の総帥鄭周永が、自らの大統領立候補のために結成した統一国民党の躍進であった。すなわち、金大中はこれらの動きにより与党票が分かれ、全羅道に厚い寡占的な地域的基盤を有する自らが相対的に浮かび上がることを期待したのである。

ある段階までこの金大中の読みは当たるかに見えた。一九九二年三月二四日に行われた国会議員選挙で、民主自由党が二一九議席から一四九議席へと大きく議席を減らす一方、平和民主党の後継政党である金大中率いる民主党は六三議席から九七議席へと躍進、鄭周永の統一国民党も三一議席を獲得し善戦を見せた。金大中はこれを国民世論の、民主自由党結成や盧泰愚政権の施策に対する異議表明であると考えた。動揺した民主自由党の内部では、旧民主正義党系勢力と、旧統一民主党系勢力の党内抗争も激化した。「私は『今回は勝てる』と思っていました」。金大中はそう率直に回想している。

だが、前述のように大統領選挙で金大中は金泳三に惨敗する。金大中の最大の読み間違いは、民主自由党からの旧民主正義党系勢力の脱党が、彼が考えたよりも、はるかに小さな範囲にとどまったことであった。民主自由党を脱党して大統領選挙に臨んだ李鍾賛は、支持率の伸び悩みと選挙資金の枯渇により、選挙戦半ばで早々に立候補辞退へと追い込まれ、加えて統一国民党から立候補した鄭周永の票も、その存在が金泳三と金大中の対立の間に埋没することで伸び悩んだ。結果、与党票は金泳三に集中し、金大中は大差で敗れることになった。

金鍾泌　5・16軍事クーデタの計画者だった彼は，朴正熙政権下の有力後継候補だった．民主化後，忠清道の地域主義を背景に政界復帰を果たすが役割は限定的だった

一九九二年の大統領選挙における敗北は、金大中を大きく落胆させた。一九七一年、八八年に続く、三度目の敗北は、金大中を心理的にも政治的にも追い詰めた。結果、金大中は大統領選挙の翌日、先述のような言葉を残して政界引退を宣言した。一九九二年一二月一九日のことである。

しかし結局、彼は大統領への意欲を捨て去ることができなかった。政界引退を宣言した金大中は、一時はケンブリッジ大学に客員研究員として赴任したものの、一九九四年一月には「アジア・太平洋平和財団」を設立、ここを舞台に事実上の政治活動を再開する。そしてついに一九九五年七月一八日、正式に政界復帰を宣言する。

政界に復帰した金大中は、新党・新政治国民会議を結成、その総裁に就任した。新政治国民会議は、それまで第一野党であった民主党から実に五三人もの議員を引き抜き、たちまち、同党に代わって野党第一党の地位を獲得した。

しかしながら、このような強引な金大中のやり方は、自らの大統領への野心の露骨な表れであるとして、世論から強い非難を浴びることになる。結果、一九九六年四月一一日に行われた国会議員選挙では、新政治国民会議は獲得議席七九と伸び悩み、金大中自身も落選した。

金大中（右）と金正日（2000年6月13日平壌で南北首脳会談） 金大中政権は，経済的危機下の1998年に発足．大統領選での金大中は，IMFなどの国際機関と一定の距離をとると主張したが，当選後，その政策を受け入れ，大胆な経済改革を実施し，危機からの脱出に成功する．2000年，初の南北首脳会談を実現．宥和的な「太陽政策」を推進し，民主化運動での貢献と合わせ2000年にノーベル平和賞を受賞．現在，その統治は高い評価を受けている

金大中の苦境を救ったのは、一九九七年一月の韓宝財閥倒産を契機とする、韓国の経済危機だった。経済危機は与党への失望をもたらし、与党への失望は、政権交代を求める声へと直結した。

強い追い風を背景に、金大中は一九九七年一一月三日には、金鍾泌との間で、一九九九年末までに議院内閣制への改憲を行うことを条件に、野党候補の一本化にも成功する。当時の金鍾泌は、一九九五年の民主自由党内の内紛により同党を離党して、自由民主連合を結成、その総裁を務めていた。言うまでもなく、金鍾泌は一九六一年五月一六日の軍事クーデタで、朴正煕に次いで重要な役割を果たした人物である。金大中は自らの政権獲得のために、かつての仇敵とあえて手を結んだことになる。一九九〇年二月、金泳三が盧泰愚や金鍾泌と民主自由党を結成してから、七年九ヵ月のちのことである。

大統領選挙の投票日は一九九七年一二月一八日、主たる競争相手は、民主自由党から新韓国党と名前を変え、さらに統合民主党を吸収してハンナラ党となった与党から立候補した李会昌《イ・フェチャン》と、同党から離党して国民新党を結党して立候補した李仁済《イ・インジェ》であった。韓国をめぐる経済危機は、投票日までには未曾有の通貨危機へと発展し、韓国経済を破綻まであと一歩のところまで追い詰めていた。通貨危機と与党の分裂という自らにとっての二つの追い風のなか行われた選挙で、金大中は李会昌を票数で三九万票、得票率でわずか一・五％の差で勝利する。こうして金大中は四回目の挑戦にして念願の大統領の座を射止めることになった。

財界から政界へ——李明博

そして静かな時間が続いた。しばらくして朝六時頃、当時党代表をしていた人物から連絡が来て、私は約束した場所に出かけた。

「李会長、地域区に出馬すれば［統一］国民党との関係が難しくなる、とおっしゃるなら、わが党の全国区から立候補して下さい。李会長は、仕事をされてきた方なので、これからも続けて仕事をしていかれようとするならば、わが党から立候補されなければな

りません。わが党の全国区には専門経営者が一人もおりません。李会長が必要なのです」（『神話はない』三三頁）

金大中が悲願の大統領当選を果たした一九九七年末、李明博は、政界入りからわずか五年にして、政治生命の危機に瀕していた。当時の彼は野党に転落したハンナラ党所属の当選二回議員、選挙区はかの「政治一番地」ソウル市鍾路区だった。李明博はどうして政界入りし、またかくも早く窮地に追い込まれてしまったのだろうか。

李明博の政界入りは一九九二年。この年のはじめ頃から李明博は、与党・民主自由党と密かに連絡を取り合っていた。当時の李明博は、一九八六年以来、現代建設の会長を務めていた。

政界入りに際して、李明博が民主自由党を選んだ理由はいくつかあった。一つは、彼自身述べているように、自らの専門知識を生かすには、野党よりも与党が有利であると考えたことである。当時は、三党統合の結果成立した民主自由党が、国会の圧倒的多数を占めており、金大中が期待したような与党の分裂さえなければ、続く一九九二年三月の国会議員選挙と一二月の大統領選挙で、野党が与党から政権を奪取することは至難の業であると考えられていた。二つ目には、先立つ一九八八年国会議員選挙で、李明博の実兄・李相得が与党・民主正義党から立候補して国会議員となっていたことである。李明博は自伝で、与党の「某人士」

から最初の勧誘があったと記している。この勧誘において、李相得が果たした役割が大きかったであろうことは想像に難くない。

他方で、民主自由党の側にも、李明博を候補にしたい理由があった。李明博が政界進出を決心した一九九二年初旬は、ちょうど現代財閥総帥の鄭周永が、自らの大統領選挙への立候補を決意して、統一国民党を立ち上げた時期に当たっている。このような鄭周永の動きは、与党・民主自由党にとっては、従来の与党票を分裂させるものとして警戒され、彼らはその影響力拡大を阻止するために、打つ手を探していた。

現代建設社長時代の李明博（左）と鄭周永（右）「サラリーマンの神話」と言われた李明博の驚異的出世の背景には，現代財閥総帥・鄭周永の篤い信頼があった．だが両者は，やがて政界入りに際し，立場を異にすることになる

このような状況における現代財閥の事実上のナンバー2である李明博の与党入りは、鄭周永の政界進出に冷や水を浴びせるものと考えられた。加えて、一介の平社員からわずか三五歳で現代建設の社長に就任した李明博の華麗な経歴は、すでに「サラリーマンの神話」として韓国内で広く知られるようになっていた。この「カリスマ経営者」の擁立は、民主自由党自体の話題づくりとしても絶好だった。

結局、この一九九二年三月の国会議員選挙で李明博は、比例代表制で行われる全国区選挙で、民主自由党の候補者リスト第二五位で立候補する。民主自由党の当選者は三三名であったから、李明博の当選は、このリストに入った段階でほぼ決まっていたといってもいい。

こうして李明博は、現代財閥の「雇われ会長」から、民主自由党の「雇われ議員」になった。しかし、李明博はこのような受動的な地位に満足する人物ではなかった。一九九二年の選挙こそ、統一国民党とかつての「雇い主」鄭周永との正面対立を回避して、全国区に回った李明博であったが、この後は、政治家として独り立ちすべく、独自の支持基盤の確立に力を注ぐことになる。

このような李明博が注目したのが、ソウル市長の座だった。

韓国では、一九六一年、朴正熙政権によって地方自治制度が廃止されて以来、長らく首長選挙や地方議会選挙は実施されていなかった。このような状況は、中央の政治が「民主化」された後もしばらく続いた。状況が変わるのは盧泰愚政権の末期からであり、ようやく一九九一年に地方議会選挙の一部が実施された。首長選挙も含む本格的な地方自治への移行はさらに遅れ、金泳三政権期の一九九五年にまでもつれ込んでいる。

李明博は、この民主化後の初代民選ソウル市長の座に目をつけた。彼は「雇われ」議員の地位を脱して、大きく飛躍するために、この座を利用しようとしたのである。

しかし、李明博の挑戦は、与党・民主自由党内を大きくかき乱すことになった。民主自由党はすでに、盧泰愚政権下で二度にわたり国務総理を務めた政界の大物、鄭元植《ジョン・ウォンシク》をソウル市長候補とすることを事実上、内定していたからに他ならない。このような党執行部の方針に対して、李明博は強く反発した。彼は、「民選」市長の候補者選出に当たっては、党内の候補者選出過程も「民主的」に行われるべきである、と強硬に主張した。李明博は、党内での候補者選びが談合で行われた場合には、無所属での立候補さえ辞さないことを明らかにした。こうして与党票の分裂を恐れた民主自由党は、やむなく李明博の主張通り、党内予備選挙を実施することになる。予備選挙の結果は、鄭元植の四七〇一票に対して、李明博は二八八四票であった。敗れたとはいえ、この一連の行動により、李明博の党内での発言権は大きく増すことになった。

李明博の政治活動はその後も順調のように見えた。自信をつけた李明博は、一九九六年四月の国会議員選挙では、全国区から転じて、「政治一番地」ソウル市鍾路区から、民主自由党から党名を変えた与党・新韓国党の候補者として立候補した。この選挙区では、一九九二年の大統領選挙にも立候補した新政治国民会議の現職・李鍾賛が強い地盤を有しており、選挙戦にはあの民主党の盧武鉉も参加していた。しかし、李明博は彼らを押さえて堂々の当選を果たす。当時の李明博の様子について、ある新聞は次のように報じている。

「五〇代旗手論」の主人公、新韓国党、李明博議員の行動が注目されている。李議員は最近、弁護士、教授、経済人ら、各界専門家四〇余名で諮問会を組織したのに続き、全国を回って大規模講演旅行を行うなど、幅広く活発に行動している。李議員は一七日、「八月に入ってからだけでも、一三日の木浦MBC創立二八周年記念特別講演をはじめ、ソウル、京畿、大邱、春川、木浦等に出かけ、講演を五、六回行った」と明らかにしている。李議員は続いて「与野党と地域を超越して反応はきわめてよい」「講演の申し込みが殺到している」と述べ、自身に対する「国民の人気」が大きいことを誇示している。

李議員のこのような「講演政治」に対して、政界では、「大統領キャンペーン」の一環とする見方が強い。自らの持つ大衆性を最大限に利用、国民の間に直接的な支持基盤を築き上げようとする戦略ではないか、ということだ。

(『世界日報』一九九六年八月一八日)

一九九二年の政界入りからわずか四年。李明博は早くも大統領の座を窺う意欲を見せていた。時代は、金泳三政権の末期にさしかかり、新韓国党では「金泳三後」の主導権をめぐって混沌とした争いが続けられていた。そこには誰が次の大統領候補になってもおかしくない状況が存在した。「サラリーマンの神話」の体現者として、あるいは「カリスマ経営者」として、大きな大衆性を持った李明博が、そこに自らのチャンスがあると考えても不思議ではなかった。

しかし、李明博の運命はこの記事が出た直後から暗転する。一九九六年九月一〇日、李明博の前秘書が、先の国会議員選挙で李明博が法律の規定をはるかに超えた選挙費用を使っていたことを明らかにしたからである。事件はただちに警察の捜査するところとなり、一〇月九日には、李明博は在宅のまま起訴された。容疑は選挙費用の超過支出と、この事件に関連した前秘書の海外逃亡幇助《ほうじょ》だった。

李明博はそれでもまだ自らの野心をあきらめてはいなかった。「李明博波紋」と呼ばれたこの事件で、一九九七年一二月の大統領選挙出馬への夢を断たれた李明博は、一九九八年二月二一日、この苦境を自らの「大衆性」を生かして巻き返すべく、国会議員を辞職し、ソウル市長選挙への立候補を再び宣言した。そして、この李明博の国会議員辞職により行われた補欠選挙で勝利したのが盧武鉉だった。盧武鉉と李明博というのちに大統領に就任する二人の政治的航路は、ここで交差する。盧武鉉はこの選挙での勝利により息を吹き返し、政治的勢いを増していくことになる。

盧武鉉とは対照的に、李明博はここからさらに転落していった。先の選挙法等違反の容疑により、第一審で罰金七〇〇万ウォンの判決を受けた李明博は、一九九八年四月二八日、控訴審で、再び選挙法違反により四〇〇万ウォン、前秘書海外逃亡幇助により三〇〇万ウォンの罰金判決を受けた。李明博は、この判決について「ソウル高裁の控訴審判決は、法的判決ではなく、政治的判決であり、到底承服できない」として、大法院への上告を明らかにしたものの、六日後の五月四日に予定されていた、新韓国党からさらに党名を変えた、与党・ハンナラ党のソウル市長候補予備選挙からの撤退を余儀なくされた。

李明博はこの事件について最後まで争ったものの結局敗訴した。そして李明博にとって、この裁判での敗北は、単なる罰金刑以上の意味を持っていた。なぜなら韓国の選挙法は、「選挙法違反で」「一〇〇万ウォン以上の罰金刑が宣告されたものは、刑の確定後五年」間、選挙権を失う、という規定を有しており、これにより彼は政治活動を停止せざるを得なくなったからである。失意の李明博はアメリカに渡り、学究生活に入ることになる。

敗北のあげくに——盧武鉉

胸の中に化石のように凝固しているシーンがある。一九九〇年一月三党統合のときのことだ。待ちかねたように「新思考」を掲げて堂々と合流した人もいた。いわゆる大勢と自らの良心の間で、葛藤する人も少なくなかった。なかには私と固い契りを交わし、統合拒否の意志を明らかにした人もいた。私もその方だけは残るだろうと信じていた。だが、その方もついに離脱し、大勢に合流してしまった。

（『盧武鉉の夢』一一九頁）

金泳三や金大中と、それ以降の大統領である盧武鉉や李明博の最大の違い。それは何よりも、政治的キャリアの長さであろう。一九五四年の国会議員選挙に初当選し、七四年に野党第一党の総裁に就任、九二年に大統領になった金泳三と、六一年に国会議員に初当選し、七一年に野党第一党の大統領候補となり、九七年に大統領当選を果たした金大中。政界進出から大統領就任まで、四〇年近くを費やした金泳三や金大中に比べ、盧武鉉や李明博の大統領就任までの政治的キャリアはその半分にも満たない。では、彼らはその短い期間で、どのようにして大統領にまで到達することができたのだろうか。

前章ですでに述べたように、釜山市内の裕福な弁護士に過ぎなかった盧武鉉が民主化運動に積極的に関与するようになったきっかけは、一九八一年、「新軍部」による釜山地域の学生運動弾圧事件「釜林事件」の弁護を担当してからのことであった。しかし、この事件に刺激された盧武鉉がただちに中央の政治に参与したわけではない。一九八七年以前の盧武鉉の活動の場は、主として釜山を中心とする慶尚南道の狭い地域に限定され、その方向も「在野」、すなわち国会の外に基盤を置いた運動に向けられていた。一九八三年には自らの弁護士事務所内に「労働法律相談所」を開設した盧武鉉は、この地域の労働問題や時局問題の弁護を数多く引き受けた。その結果、盧武鉉は、一九八五年には釜山民主市民協議会の常任委員長をも務めるなど、この地域の有力な民主化運動家の一人として頭角を現すことになる。

このような盧武鉉にとって、韓国の民主化を告げる一九八七年の「六・二九宣言」は突然やってきた。盧武鉉は「六・二九宣言」直後の、「在野」勢力の状況について、次のように述べている。

ソウルに到着し、会議に参加したものの、会議は最初から混乱状態だった。「六・二九宣言」を受け入れるのか受け入れないのかをめぐり、激論が交わされた。当時の私は、特段の深い考えもないまま、当然受け入れるべきだと考え、そのように話した。

（『おまえ、ちょっと助けてくれ』二二六頁）

背景には、当時の「在野」勢力のなかには、「新軍部」勢力との「妥協」によって、「新軍部」のナンバー2、盧泰愚による「六・二九宣言」というかたちで、「上から与えられた」民主化に満足せず、韓国の民主主義をより一般大衆に近づけるためには、もう一度民主化運動を活性化させ、あらためて「下から民主化を勝ち取らなければならない」と考える人びとが数多く存在したことがあった。

しかし、盧武鉉はそのような立場には立たなかった。「野党指導者が六・二九宣言を受け入れたことにより、運動の熱気が急速に冷めて」いくなか、盧武鉉は、この当時の釜山地域の民主化運動勢力に絶大な影響力を誇っていた金泳三から勧誘を受け、政界に身を投じることになる。こうして盧武鉉はいったん「在野」の各勢力と袂を分かった。その結果、一九八八年四月の国会議員選挙に釜山市東区から立候補した盧武鉉は、「新軍部」大立者の一人である、与党・民主正義党の許三守《ホ・サムス》に、四〇〇〇票あまりの差をつけて勝利する。
国会議員となった盧武鉉の活動は目覚しかった。労働委員会に参加した盧武鉉は、弁護士時代に労働争議を数多く手がけた経験を生かして活躍し、やがて彼は、のちに盧武鉉大統領の下で国務総理を務めることになる李海瓚《イ・ヘチャン》や、李相洙《イ・サンス》とともに、「労働委員会三銃士」と呼ばれることになる。しかし、盧武鉉の知名度を飛躍的に高めたのは、何と言っても一九八八年一一月七日から三日間開かれた国会での聴聞会における活躍だった。この「第五共和国」終焉後初めてテレビで生中継された聴聞会は、「第五共和国」期の不正と光州事件の責任追及のため、前政権の有力者を対象に行われたものだった。盧武鉉は証人を尊重しつつも正鵠を射る質問を展開し、一躍、人気と知名度を獲得したのである。いわゆる「聴聞会スター」盧武鉉の誕生である。

しかし、政治家としての盧武鉉の活動はここで大きな「壁」にぶち当たることになる。盧武鉉を一転して窮地に陥れたのは、金泳三の民主自由党への参加だった。盧武鉉は、金泳三の与党入りを、個人的な政治的野望を満たすための変節であると非難し、自らの民主自由党への合流を強く拒否した。結果、金泳三によって解党された「統一民主党」に代わる政党として、盧武鉉は李基沢《イ・ギテク》、金正吉《キム・ジョンギル》、李哲《イ・チョル》らとともにあらためて「民主党」を結党し、独自の活動を開始する。一九九〇年六月一五日のことであった。

とはいえ、当時は、依然、地域主義の強い時代であり、釜山・慶尚南道地域には、今度こそ地元の英雄、金泳三を大統領に当選させようという強い熱気が存在した。このような状況下、当選一回議員である盧武鉉が金泳三に挑戦することは、無謀といえた。

民主党自身の勢力も、与党・民主自由党と、平和民主党から党名を変えた、金大中率いる新民主連合党の間で伸び悩み、結局民主党は、一九九一年九月一六日、新民主連合党への合流を余儀なくされる。新党は名称こそ「民主党」のそれを引き継いだものの、その実質は新民主連合党による民主党の吸収といえた。

金泳三のライバル金大中を事実上の大統領候補とし、全羅道を支持基盤とする新民主連合党への民主党の吸収は、釜山・慶尚南道における地域主義を大きく刺激し、その矛先は同じ釜山・慶尚南道出身でありながら金大中の〝軍門〟に下った、盧武鉉らに向けられた。こうして盧武鉉はさらに苦境に陥った。盧武鉉は、一九九二年三月二四日の国会議員選挙に釜山市東区から立候補し、また九五年六月二七日の釜山市長選挙にも挑戦したものの、ともに大差で敗れている。

盧武鉉は金大中との対立をも経験した。先述のように、一九九二年の大統領選挙に敗れた金大中は、いったん政界引退を宣言した。これを受けて民主党は「金大中後」を目指して動き出し、その「古い」「地域主義的性格」からの脱皮に力を入れた。しかし、この動きはわずか二年半あまりで金大中が政界復帰を宣言することにより頓挫する。民主党は金大中の受け入れをめぐり分裂し、大多数の議員は、金大中が新たに結成した新政治国民会議に参加すべく、民主党を離党した。

盧武鉉はここでまたもや民主党への残留を選択した。残留派は一九九五年一二月二一日、統合民主党を結成した。しかし、統合民主党は一九九六年四月の国会議員選挙に惨敗し、ソウル市鍾路区から立候補した盧武鉉も第三位の得票で落選した。結局、一九九七年一二月の大統領選挙を前にして、有力な大統領候補を持たない民主党は空中分解を余儀なくされる。党執行部が新韓国党と合流して、新党・ハンナラ党の結成を選択するなか、盧武鉉は金大中率いる新政治国民会議への入党を選んだ。大統領選挙直前の一九九七年一一月のことである。新政治国民会議で、盧武鉉は旧民主党系勢力の代表者格として、顧問の地位を与えられた。

苦難に満ちた盧武鉉の政治的航路が反転するのは、金大中が大統領に当選してからのことである。意図せざる結果として、「与党政治家」になった盧武鉉は、一九九八年七月二一日、李明博の議員辞職の結果行われた、「政治一番地」ソウル市鍾路区の補欠選挙に立候補して勝利する。一九八八年の国会議員初当選以来、実に一〇年ぶりの選挙での勝利であった。

しかし、二〇〇〇年四月一三日の国会議員選挙において、盧武鉉は多くの人びとを驚かせる選択を行った。彼はようやく自らの政治的基盤として確保したソウル市鍾路区を放棄し、野党・ハンナラ党が強固な支持基盤を誇る、釜山市北・江西乙選挙区から出馬することとしたのである。ソウル市鍾路区での盧武鉉の当選は有力視されており、逆に釜山では「金大中の政党」の候補者に対する反発は依然強く、この選択は、当選だけを目指すのであれば、自殺行為としかいえなかった。背景には、自らの出馬によって、韓国独特の地域主義を打開しようという、盧武鉉の考えがあった。

選挙の結果は、またもや盧武鉉の惨敗であった。しかし、この盧武鉉による無謀な挑戦は、それが他の選挙区から立候補していれば楽々と当選を果たせたはずの「与党幹部議員」によるものだったがゆえに、逆に大きな共感を呼ぶことになる。落選の直後から、開設されていた盧武鉉のホームページには、彼の落選を惜しむ支持者たちによる書き込みが殺到し、のちにこの書き込みにより連帯した人びとによって、「ノサモ」と略称される「盧武鉉を愛する会」が結成される。「ノサモ」は二〇〇〇年五月一七日に公式ホームページを開設し、六月六日には創立総会を大田で開催した。「韓国初の政治家のファンクラブ」と呼ばれた同会は、その後急速に勢力を拡大していった。

当選直後の盧武鉉（1998年2月）　補欠選挙に勝利し，6年ぶりに国会議員に返り咲いた

金泳三による統一民主党の解体と、金大中の政界復帰に反対し、その挙句に選挙で落選を繰り返した盧武鉉は、こうしていつしか地域主義でも、政党でさえも

ない、独自の政治的基盤を獲得することに成功する。そして、その政治力は、二〇〇二年の大統領選挙とそこにいたる過程で遺憾なく発揮された。

韓国政治が、金泳三、金大中、そして、金鍾泌といった、「地域主義」によって支えられ、一九六〇年代以来の長い政治的経歴を持つ政治家たちの手を離れようとしていたこの時代、「地域主義反対」「三金政治清算」という主張を愚直なまでに貫いた盧武鉉は、次代の大統領として相応しい人物であるかに見えたのである。

終章　「レイムダック現象」の韓国政治――二〇〇二年〜

「改革の神話」の終焉――盧武鉉

私たちには数多くの挑戦を克服した底力があります。危機さえもチャンスにする知恵があります。そのような知恵と底力で、今、私たちに訪れた挑戦を克服しましょう。今日、私たちが先祖を賛えた様に、遠い未来、子孫たちが今の私たちを誇らしい先祖として記憶することでしょう。

私たちは心さえひとつにすれば奇跡を起こす国民なのです。みんなで心を集めましょう。平和と繁栄と跳躍の新しい歴史を作る、この偉大な挑戦にみんなが参加しましょう。常に国民の皆様と共に進みます。

（「就任辞」在日本大韓民国民団中央本部ＨＰ）

二〇〇三年二月二五日。多くの国民の期待の下、盧武鉉は大統領としての就任演説を行った。「私たちは高い頭脳と創意力、世界一流の情報化基盤を持っています」。別の箇所でそう述べたこの演説には、韓国の政治、経済、社会全般にわたる「改革」への盧武鉉の強い意志が現れていた。

しかしながら、このような盧武鉉の政権は、よく知られているように、その後大きく支持率を低下させ、盧武鉉はこれに悩まされ続けることになる。国民の大きな期待を集めた盧武鉉政権は、なぜにこのような道筋をたどらねばならなかったのだろうか。

この点を考える上で、第一に重要なのは、すでに引用した演説文の一節からも明らかなように、この政権が強いナショナリズムを背景に成立したことである。背景に存在したのは、一九九七年末から九八年にかけての通貨危機の経験だった。韓国のある新聞は、当時の状況について次のように記している。

韓国が昨年一一月、国家不渡りといった危機局面を迎えていたとき、IMFを除いてはどの国からも「韓国を助けよう」という声は挙がらなかった。韓国はそれほどまでに愛想を尽かされていたのであろうか。由々しきことだ。韓国が危機に瀕する度に助け舟を出してくれると思われたアメリカにも「我々の友人」はいなかった。

(『朝鮮日報』一九九八年一月一二日)

通貨危機は、どんなに経済成長をしようとも、韓国が国際社会との協調のなかでしか生きていけないこと、そして、そこに自分たちを無償で助けてくれる「友人」など存在しないことを痛感させた。だからこそ、彼らは金大中政権下、この危機から脱出するためにＩＭＦによる屈辱的な経済への介入を受け入れた。ＩＭＦの指導の下、財閥解体や大規模な労働者整理が実施され、韓国人の多くが苦痛をともにした。

盧武鉉が大統領に当選した二〇〇二年、韓国経済はようやく本来の軌道に立ち戻り、韓国人は通貨危機で傷ついた自信を取り戻しつつあった。そして、そこに二つの条件が重なった。一つは、この年六月に行われたワールドカップサッカー日韓大会での韓国代表のベスト4進出である。「大韓民国《デーハンミンクック》、大韓民国《デーハンミンクック》」の叫び声の下、ソウル市中心部の広場は、韓国代表チームと同じ赤色のユニホームを着た二五万人とも言われる大群衆で埋めつくされた。予想を大きく上回る彼らの活躍を前に、通貨危機の下、鬱屈した思いを強いられてきた韓国人のナショナリズムは爆発した。

同じ六月、もう一つの「事件」が発生する。ソウルからほど近い議政府で女子中学生二名が米軍車両に轢かれ死亡したのである。当初は、交通事故に過ぎなかったこの事件は、米軍が「事故」にかかわった兵士たちの責任を否定したことにより、「事件」へと発展した。二人の人間が死亡したにもかかわらず、誰一人として責任を問われる者が存在しない。多くの韓国人は、米軍による判断を、アメリカが韓国を不当に軽んじたものとして受け止めた。韓国各地では激しい反米デモが行われ、それは一一月一八日から二三日にかけて行われた米軍事法廷が兵士たちに無罪判決を下したことにより頂点に達した。

盧武鉉政権は、このような韓国ナショナリズムの特殊な高揚状態のなか出発した。我々は国際社会で名誉ある地位を占めるべき存在であり、また、そのような力を持っている。その思いは、外部の勢力に頼らずとも韓国人はよりよき社会に向かって、自らの力で自らを改革する能力を有している、という論理へと向かわせることになった。たしかに、通貨危機からの脱却は、IMFという外部勢力の主導する改革により実現された。しかし、韓国人はより大きな可能性を有している。それを証明するためにも、今度は自らの力で自らを改革し、世界の誰もが目標にするような理想的な社会をつくり上げなければならない。

盧武鉉政権は、こうして韓国人の「改革」への大きな期待と、それを支えるナショナリスティックな思いに後押しされてスタートを切った。加えて、この時期はちょうど、金泳三、金大中、金鍾泌に代表されるような第三共和国以来の「古い世代」の政治家が韓国政治の表舞台から退場する時期に当たっていた。盧武鉉は大統領就任時、五六歳。初の「解放後生まれ」の大統領に、人びとは「新しい政治」を期待した。

しかし、この状況は、政権が出発してまもなく変化することとなる。大統領就任時は六〇%近かった盧武鉉への支持率は、その後、急速に低下し、政権出発から一〇〇日を経過した頃には、早くも支持率と不支持率が並ぶようになる。その背景には盧武鉉が掲げた改革が、順調に進まなかったことがあった。当時の国会は、野党・ハンナラ党が過半数を占め、彼らはこの国会を基盤に盧武鉉への対決姿勢を強めていた。与党である新千年民主党も問題を抱えていた。新千年民主党は、内部に改革に対して保守的な勢力を抱えており、ハンナラ党の攻勢に一致団結して対抗することができなかった。

ここで盧武鉉は大きな賭けに出る。盧武鉉は、少数党である新千年民主党から、自らの改革を支持する勢力を脱党させ、新たなる与党をつくるのである。

翌二〇〇四年四月一五日には国会議員選挙が予定されていた。国会における野党の抵抗に直面した盧武鉉は、自らに忠実な与党を結成し、この与党をもって翌年の国会議員選挙を戦い、勝利することで、局面の打開を図ったのである。

まず二〇〇三年九月二〇日、盧武鉉大統領支持グループが新千年民主党を離党し、仮称、「統合新党」の結成を明らかにした。九月二九日には盧武鉉もまた離党を宣言する。こうして一一月一一日、新党「開かれたウリ党」が結成される。盧武鉉に見捨てられるかたちとなった新千年民主党は、「民主党は『裏切り者の大統領』を公認した罪を、国民に謝罪する。盧大統領の国民向け謝罪を要求する」とし、「民主党は今日から野党である」と宣言した。

だが、開かれたウリ党の結成と、新千年民主党の野党への転向は、盧武鉉を新たな窮地に陥らせた。なぜなら、開かれたウリ党は、国会でわずか四七議席を占めるに過ぎず、これにより国会議席の大多数が、ハンナラ党と新千年民主党という二大野党に占められる状況になったからである。二〇〇四年四月一五日に予定される国会議員選挙を前に、与野党の対立は激化し、国会は完全な機能麻痺状態に陥った。そしてついに二〇〇四年三月一二日、国会は賛成一九三、反対二の圧倒的多数で、盧武鉉への弾劾を敢行する。盧武鉉の大統領職務は停止され、国務総理の高建が大統領権限代行に就任した。

しかし、結果として、弾劾は失敗した。背景には、国民の期待する「改革」を無視して、政争に明け暮れる国会への強い失望があった。たしかに大統領の支持率は下落していた。しかしそれは野党の支持率上昇には直結せず、継続した国会の空転は、逆に国民による野党への批判を強めさせることになった。

追い風を受けて行われた国会議員選挙で、与党・開かれたウリ党は躍進し、二九九議席中、一五二議席を獲得して第一党へと躍り出た。五月一四日、韓国の憲法裁判所は、国会による弾劾を無効とし、盧武鉉は大統領の地位に復帰した。支持率も一時は五〇%を超える勢いを見せ、盧武鉉政権は再び、当初の勢いを取り戻すかに見えた。

しかし、結局、盧武鉉はその後も国民の安定した支持を獲得できなかった。その最大の原因は、盧武鉉もまた、野党と同様に世論の期待する「改革」を実現できなかったからである。正確に言うなら、盧武鉉はたしかに、自ら積極的に「改革」を志向し、メディア改革やソウルからの行政首都移転構想など、さまざまな施策を打ち上げた。だが盧武鉉は、自らの目指す「改革」の全体像、言い換えるなら、韓国の将来像を示すことはできなかった。盧武鉉は韓国社会をどのように変え、人びとをどこに連れていこうとしているのか。彼はそのもっとも肝心なメッセージを人びとに伝えることができなかったのである。

期待に応えられなかったのは、対外政策でも同様だった。米軍車両による女子中学生轢死事件に刺激された、反米色の強いナショナリズムに後押しされて成立した盧武鉉政権。しかしその外交政策の実質は、歴代政権と大差ない「親米的」なものになった。すなわち、盧武鉉政権は、アメリカの要望に応じて、イラクへの派兵を実行し、その規模はアメリカとイギリスに次ぐものとなった。米軍基地移転問題についても、盧武鉉は、二〇年来の懸案であった平沢の米軍基地拡張問題を解決した。盧武鉉は反対する農民の排除のために、機動隊を動員することさえ辞さなかった。

二〇〇七年二月一三日には、盧武鉉政権は、戦争勃発時の米軍による韓国軍の「作戦統制権」、つまり、韓国軍への指揮権を、二〇一二年に韓国側に返還させることでアメリカ政府と合意した。「作戦統

大統領時代の盧武鉉　盧武鉉政権は，民主化以後の歴代政権とは異なり，特定の排他的な地域感情を支持基盤にしなかった．だが，それは政権の弱点ともなり，結局，最後まで安定した支持基盤を得ることができなかった

制権」の返還は、韓国側よりもアメリカ側が積極的であり、ここでも盧武鉉政権は、アメリカの意を迎えたことになる。

そして四月二日には、アメリカとの自由貿易協定交渉が妥結した。農民団体をはじめとする多くの団体が、この決定に反対し、「盧武鉉政権は反民族・反民主政権」であるとして、大規模なデモを展開した。盧武鉉の言動には「反米的」な傾向があるとされ、時にアメリカ政府からも大きく警戒された。しかし、そのことは盧武鉉政権の施策が実際に「反米的」であったことを意味しなかった。

重要なことは、盧武鉉が大統領に就任した二〇〇三年の時点では、彼のとりうる政治的選択肢が著しく限定されていたことだった。

韓国が未だ貧しく、権威主義体制下にあった時代には、社会にはさまざまな問題が山積しており、だからこそ、政治家はこれに対してさまざまな「改革案」を出すことができた。しかし、韓国が豊かで民主主義的な国となったこの時期には、政府が「すでにあるこの社会」以上に優れた代案を出すことは困難になっていた。世界ではグローバル化が進み、また、二〇〇六年一〇月九日には北朝鮮による核実験も行われた。このような状況下で、韓国が国際的に孤立する危険性を冒してまで、反米的なナショナリズムの声に従うこともまた困難だった。

問題は、にもかかわらず、民主化と経済成長を経験した韓国人が、依然として政治に多くを期待していたことだった。韓国はどこまでも「改革」と「経済成長」を続けることができ、政治家はそのための当然の責務を負っている。二一世紀初頭の韓国には、未だこのような二つの「神話」が色濃く残っていた。「改革の神話」と「経済成長の神話」。盧武鉉はこの二つの「神話」のうち、明らかに「改革の神話」の期待を背負って登場した。

そしてだからこそ、盧武鉉は、ナショナリスティックで改革志向的な人びとの期待と、実際には政治が無力であり、これ以上の改革は不可能だ、という現実の間隙に落ちた。

盧武鉉はその苛立ちを次のようにぶちまけた。

最近、大統領がサンドバッグになっている。わたしはこれを自分の過ちのせいだと考え、また一方では民主主義のコストだと考え、受け入れている。しかし、それ［大統領に対する批判］をしてもよい人といけない人がいる。そうしてはならない人が大統領をサンドバッグのように叩けば、わたしも非常に残念であり、時には悔しく思うこともある。

（『朝鮮日報』二〇〇六年一二月二七日）

こうして盧武鉉政権は、支持率の低下を繰り返し経験したあげく、与党にさえ見放され、終焉を迎える。それは韓国における「改革の神話」の終焉を意味していた。

「経済成長の神話」は終わるのか――李明博

一九九九年一二月、私は一年間の米国生活を終えて帰国の途に就いた。落ち葉がすっかり散った晩秋の木々は、青葉が繁っているときとはまるで別物に見える。それはやがて訪れる厳しい冬を耐え忍び、春を迎える自信をもってそびえたつ姿だ。この木々と同じように、やらなければならないことがあると信じたとき、人間はけっして挫折しないものだ。

(『都市伝説　ソウル大改造』二二五頁)

一九九八年、李明博は失意のなかにいた。二年前の一〇月、選挙費用の超過支出と、この事件に関連した前秘書の海外逃亡幇助の嫌疑により起訴された李明博は、この年四月二八日に開かれた控訴審にて、四〇〇〇万ウォンの罰金刑を下された。こうして李明博は、一時期は意欲を見せた一九九七年の大統領選挙への立候補はおろか、九八年のソウル市長選挙への立候補さえ断念することを余儀なくされる。李明博はすかさず、わが国の最高裁判所にあたる大法院への上告を行ったものの、展望はまったく開けなかった。そして一九九九年七月七日、選挙法違反にかかわる李明博の刑は、罰金四〇〇〇万ウォンで確定する。

韓国の多くの政治家がそうであるように、李明博はこの失意の時期を海外で過ごす選択をした。李明博は、裁判を避けるかのようにアメリカに渡り、一九九九年一二月までの一年間をジョージ・ワシントン大学の客員研究員として過ごしている。

そして、李明博はこのアメリカで一つの着想を得る。ジョージ・ワシントン大学での演習に出席しながら、「環境」の重要性に気づいた李明博は、ある日、知人に誘われてマサチューセッツ州のボストンへと足を運んだ。そこで彼が見たのが、進行中であった「ビッグ・ディッグ」と呼ばれる都市再生工事であった。

李明博は、この老朽化した高架道路を撤去して、新たに地下に高速道路をつくる大規模な工事を見ながら、同じことがソウルでも可能なのではないかと考えた。李明博の頭に浮かんだのは、ソウル市内の中心部を貫通する、老朽化した清渓高速道路の姿だった。李明博は次のように回想する。

アメリカはボストンの「ビッグ・ディッグ」をみてヒントを得た。巨大な高架道路を撤去した後、自動車は地下に、道路跡は緑地に再整備するという、「ビッグ・ディッグ」の計画を通じて、ソウルも変わることができると考えるようになった。

（「世界が我々をベンチマークする」高麗大学校校友会ＨＰ）

こうして新たな着想を得た李明博は、一九九九年一二月、帰国した。この時期に李明博が帰国したのには理由があった。金大中政権は二〇〇〇年一月を期しての大規模な「ミレニアム大赦免」を予定しており、一部の新聞では、この恩赦により李明博の政治的復権が実現する可能性があると報じられていたからである。二〇〇〇年四月一三日には、国会議員選挙が予定されており、このタイミングで復権が果たされれば、李明博は選挙に立候補できるはずだった。

しかし、李明博への恩赦は実施されなかった。結局、彼はこの国会議員選挙も、見送ることを余儀なくされた。一九九二年の全国区での初当選以来、ソウルを自らの政治基盤とすべく努力を続けてきた李明博にとって、自らの地盤を他候補者に荒らされることの打撃は大きかった。

追い込まれた李明博はこの時期、金融界への転進を試みた。二〇〇〇年春からその準備をはじめた李明博が、このときコンビを組むことになるのが、二〇〇七年に彼が大統領選挙に出馬した際、その株価操作疑惑をめぐって関係が問われることになる金敬俊《キム・キョンジュン》である。李明博は、二〇〇〇年一〇月一六日、『東亜日報』のインタビューに対し、金敬俊に対する期待を語っている。もっとも、李明博の金融界進出の試みは中途で放棄された。二〇〇一年四月六日、李明博は「六ヵ月もかかって」入手した、証券業予備免許を金融監督委員会に返上している。

李明博が金融業進出を放棄したのは、この間に政界進出への道が再び開かれたからに他ならない。それを可能にしたのは、金大中であった。二〇〇〇年六月一三日、北朝鮮の金正日《キム・ジョンイル》総書記との劇的な南北首脳会談を実現した金大中は、同年八月一五日、「国民和合」を名目とした恩赦を実施した。赦免復権の対象は三万名にも及ぶことになり、その規模は、金大中が自らの就任式にあわせて実施した一九九八年三月一三日の大恩赦に次ぐものとなった。そして、李明博を含む、多くの政治家たちがその恩恵にあずかり、自らの選挙権を回復する。

しかし、国会議員選挙はこの春にすでに行われ、恩赦によりようやく選挙権を回復したばかりの李明博には、大統領選挙はいまだ手の届かぬ遠い目標だった。このような状況下、李明博が再び目をつけたのが、二年後、二〇〇二年六月一三日に予定されていたソウル市長選挙であった。

そして、二〇〇二年二月二二日、翌月に行われるハンナラ党内における予備選挙を前にして、李明博はアメリカ留学時代から温めていた「清渓川復元構想」を明らかにする。ボストンの「ビッグ・ディッグ」同様、ソウル市内中心部の高架道路を撤去し、さらには高架道路の下を流れる暗渠《あんきょ》となっている「清渓川」を復元することにより、都心に市民の憩いの場をつくり出そうとする計画だった。

一〇〇〇万人が暮らす大都市ソウルの都心部で大規模な再開発を実施して、魅力ある空間をつくり出す。この大胆で魅力的な構想は、たちまち世論の大きな反響を呼び、ソウル市長

清渓川をバックに太極旗を振る李明博（2007年8月15日） 清渓川復元工事の成功は，李明博の実行力と行政能力の高さを印象付けることになった

選挙は、李明博の「清渓川復元構想」に対する賛否投票であるかの様相を呈することになる。こうしてわずか一年半前まで、選挙権さえ有していなかった李明博は、選挙戦の主導権を握ることに成功した。勢いに乗った李明博は、ハンナラ党内の予備選挙で、前国会副議長・洪思徳《ホン・サドク》を立候補辞退に追い込み、本選挙でも民主党の金民錫《キム・ミヨンスク》に対して、三〇万票以上の差をつけて勝利した。それは三回目のソウル市長選挙における、「保守政党」のはじめての勝利であった。

ソウル市長に就任した李明博は、さっそく持ち前の行動力を発揮、一部の強い反対を押し切って、自らの第一公約である「清渓川復元構想」の実現に着手した。着工は二〇〇三年七月一日と定められ、李明博はそのために国務会議にも出席して事業の必要性を訴えた。都心部における高架道路撤去と、河川復元工事。事業にともなう交通渋滞や立ち退きを強いられる人びとへの補償をめぐり、国務会議はその実現性に懐疑的だった。このようななか李明博を支援したのは、盧武鉉だった。李明博は、このときの盧武鉉の言葉を次のように記している。

今日この席で激論が交わされたが、清渓川の復元ができるなら、それは環境が復元され、ソウルの変化をもたらす重要なプロジェクトです。したがって清渓川復元は重要だと考えます。またソウル市長が自信をもってやるといって準備してきたのですから、全員が前向きに考えてすべて助け合い、国民の苦痛を減らしながら最高の結果が出せるように努力して欲しいと思います。

（『都市伝説　ソウル大改造』一一一頁）

こうして政府の全面的な協力を取り付けた李明博は、無事着工式へと漕ぎ着けた。工事は順調に進み、二〇〇五年六月一日には、復元された清渓川に試験導水が行われた。復元工事は、その完成の以前からベネチア建築ビエンナーレの優秀施工者賞を受賞するなど、内外の大きな注目を浴び、結果、李明博の人気は急上昇することになる。同時期、李明博はバス専用レーンの改編など、交通問題でも手腕を発揮した。こうしていつしか、李明博は、二〇〇七年大統領選挙の最有力候補と目されるようになる。

李明博はこの大統領選挙を前にして、「清渓川復元計画」よりもさらに大きな計画をぶちあげた。すなわち、「韓半島大運河計画」がそれである。李明博は、すでに一九九六年頃より、ソウル市内を流れる漢江と、釜山市内を流れる洛東江の朝鮮半島の二つの大河を連結させる「京釜運河」建設構想に積極的な姿勢を見せていた。李明博は大統領選挙に向けてこの計画を、「京釜運河」から分かれて忠清道と全羅道を貫通する「忠清・湖南運河」構想を加えて「韓半島大運河計画」へと発展させ、さらには将来の統一に備えて、北朝鮮を貫く「北韓運河」と連結させる構想さえ明らかにした。

李明博の「韓半島大運河構想」は、現代建設会長としての彼の経歴、そして、何よりもソウル市長時代における清渓川復元での彼の強いリーダーシップとともに、人びとに強く訴えることとなった。大規模な公共事業を実施し、国土を抜本的に「改造」することにより、韓国はもう一度高度成長へと回帰できる――。李明博の「韓半島大運河構想」に、人びとは「経済成長の神話」の再現を期待した。

盧武鉉政権が「改革」の方向性を失って支持率低下に苦しむなか、李明博の大胆な構想と自信あふれる姿勢は、人びとに夢を与えた。李明博は、同時に「平均年七%の経済成長率を達成し、一人当たり国民所得四万ドルを実現し、イタリアを抜いて世界の七大経済大国入りを実現する」という、「七四七政策」、さらには、核開発を放棄するという前提で北朝鮮への大規模な経済援助を実施、北朝鮮の一人当たり国民所得三〇〇〇ドルを実現する、という「非核・開放三〇〇〇構想」をも打ち出した。こうして李明博に対する人びとの期待は高まっていくことになる。

そして、二〇〇七年大統領選挙。終始一貫して世論調査で首位を独走した李明博は、ハンナラ党内の予備選挙で、朴正煕大統領の長女で、強い党内基盤を持つ朴槿恵《パク・クネ》を退け、本選挙でも与党・ウリ党から改編した新党、大統合民主新党の鄭東泳《ジョン・ドンヨン》に、二二％以上の得票率差をつけて圧勝した。二〇〇七年の李明博の勝利。それは彼の訴えた華やかな開発構想の勝利であり、そこには韓国人の経済成長への期待が表れていた。

大統領就任式直後の李明博（2008年２月25日）

しかし、華やかな開発構想は諸刃の剣であり、李明博は大統領当選の直後から、これに苦しめられることになった。「韓半島大運河」構想は、すでに大統領選のさなかから、その実現性と有効性に疑念が呈しはじめられており、当選後の李明博はこの自らの「目玉公約」の扱いに苦慮する。同時に、二〇〇八年一月には、早くも李明博は、「七四七政策」で公約した年七％の経済成長目標を断念し、二〇〇八年の経済成長目標を六％と低下させた。原油高とアメリカのサブプライム・ローン問題により、世界経済が低迷するなか、李明博は、自らの公約と現実のはざまで苦しむこととなった。

李明博政権は、果たして、韓国の人びとの期待に応えて、「経済成長の神話」を維持することができるのか。それとも自らの公約の重みに耐えかねて、自滅することとなるのか。李明博が抱えた課題は、盧武鉉のそれよりもはるかに重い、のかもしれない。

「還暦」を迎えた大韓民国

二〇〇八年八月一五日。大韓民国は建国六〇周年を迎えることになった。韓国は人間で言えば「還暦」を迎えたわけである。

そして、いま、この国は大きな曲がり角に差しかかっている。その最大の特徴は、かつてはこの国に君臨し、さまざまなかたちでこの国を導いてきた「大統領」が、かつてのような輝きを失ってしまったことであろう。盧武鉉と李明博、二一世紀に相次いで大統領に就任した二人は、大統領就任からわずかの間に支持率を急落させ、「早すぎるレイムダック現象」に苦しむこととなった。

とはいえ、それはある程度やむをえないことだったかもしれない。日本による植民地支配から解放された当時の韓国は、貧しく混乱し、そして、国土を南北に分断された国家だった。だからこそ、人びとは、その苦境から脱すべく、政治的リーダーに期待し、「救い」を求めた。たしかに、その道は苦難を極めた。朝鮮戦争は彼らを打ちのめし、度重なる軍事クーデタは、韓国に民主化というもう一つの大きな課題を突きつけた。しかし、そこにはたしかに政治的リーダーが活躍するための空間が存在した。

そして、二一世紀を迎えたいま、これらの困難を克服した韓国は、豊かで平和な民主主義国となった。このようななか、二〇〇三年に成立した盧武鉉政権は、この国のさらなる「改革」を求めて方向性を見失い、二〇〇八年に成立した李明博政権は、年七%成長という過大な経済成長目標を掲げたあげく、自らの公約に縛られて苦しんでいる。多くの先進国がそうであるように、発展し、豊かで民主的な国家では、政治的指導者が果たすことのできる役割はそう多くない。そう考えるなら、韓国政治で、大統領が果たすべき役割が小さくなること、それ自身は決して悪いことではないに違いない。問題は、にもかかわらず、韓国人が依然として政治と政治的リーダーに過剰な期待を有していることである。過剰な期待と、それに応えることのできない現実のはざまで、彼らは身動きがとれなくなっているように見える。

しかしそれもまた、韓国が真の先進国になるための、一つの、そして最後の曲がり角に過ぎないのかもしれない。「還暦」を迎えた大韓民国はどこにいくのだろうか。どうやらその行方が、先の六〇年間とは大きく異なるものになることだけは、たしかなようである。

あとがき

一国の、あるいは一つの社会に対する「歴史」という「語り」。言うまでもなく、そのあり方は、各々の歴史を語る「語り手」に多くを依存している。政治、経済、そして、文化やイデオロギー。「語り」のあり方は、「語られる対象」によって変化すると同時に、これらを眺める「語り手」の視点により、大きく左右される。

本書では、このような「歴史」を「語る」に当たり、歴代大統領の経歴を追う、という手法を取った。その理由は、大きく分けて二つある。第一は言うまでもなく、従来の韓国の政治では、大統領が重要な地位を占めており、彼らを理解することが、韓国の政治や歴史を理解するのに、大きく役立つからである。

しかし、より重要なのは、もう一つのことである。それは今日にいたるまでの韓国の歴代大統領が、その生まれた時期や社会階層、さらにはその経歴などにおいて、異なる点を数多く有しており、それゆえ、彼らが大統領に登りつめるまでの過程を見ることにより、韓国現代史の多様な側面が明らかになると考えたからである。

その意味で、本書は「大統領の地位にある人びとの視点を通じて」韓国現代史の一側面を明らかにしようとした著作ではなく、「大統領に登りつめる人びとの視点を通じて」それを語ろうとした著作である。もちろん、この試みが成功しているかどうかは、筆者には定かではない。読者諸氏のご批判を真摯《しんし》に待ちたいと思う。

本書を書き上げた段階で忸怩《じくじ》たる思いが二つある。一つは、韓国歴代の大統領のうち、崔圭夏、全斗煥、盧泰愚の三名の大統領については取り上げることができなかったことである。この三名については、彼らが民主化後、光州事件をはじめとするさまざまな点について裁判を受けることになった関係上、客観的で詳細な研究がなされておらず、資料的制約が大きかったことが最大の原因である。二つ目は、一九八七年の民主化以後の状況について、詳述できなかったことである。こちらも主として、客観的資料の不備によるものであるが、ここで筆者は改めて「自らの生きる時代を歴史として書く」ことの困難さを思い知らされた。いずれにせよ、本書に不完全さがあるとすれば、それはすべて筆者の責任である。

最後に、この書物を完成するに当たってお世話になった方々への謝辞を述べさせていただきたい。まず、二〇〇四年三月、神戸の研究室までご訪問いただき、本書を書くきっかけを与えてくださったのは、当時、中公新書編集部に所属しておられた小野一雄さんだった。筆者の担当は、その翌年、白戸直人さんに受け継がれ今日にいたっている。特に白戸さんには、実力以上の著作の執筆を安請け合いして、精神的にパンク寸前の筆者を粘り強く励ましていただいた。出版事情の困難ななか、筆者のような未熟な人間に、貴重な機会を与えてくださった中央公論新社と、お二人の編集者に厚く御礼申し上げるとともに、本書がご迷惑をおかけしないことを祈るばかりである。

また、本書の文章の大部分は、二〇〇八年三月から二ヵ月、機会を得て滞在したオーストラリア国立大学での客員研究員としての在籍中に書かれている。豊かな研究の場を提供してくださった同大学日本センターのケント・アンダーソン先生と、仲介の労をとってくださった堀内勇作先生に感謝したい。

神戸大学大学院国際協力研究科の岸田絵美さん、舟木律子さん、岡本宜高君、吉田誠一君、横溝未歩さん、杉村豪一君には、本書の校正を手伝っていただいた。体調の不良や相次ぐ出張、そして何よりも、人間的な未熟さゆえに、満足な講義一つできない筆者が、何とか教員としてやっていけるのも、彼らのようなよき学生たちあってのことである。

そしていつもながら、筆者の研究は家族の支えなしには考えられない。精神的に不安定な筆者をいつも暖かく見守ってくれる妻・登紀子と、二人の娘たち、二葉と雫の励ましなしに、この著作はもちろん、筆者そのものの存在もありえない。その幸運に感謝しつつ、本書の筆を擱《お》くこととしたい。

二〇〇八年七月二四日
美しいオーストラリアの思い出とともに

木村　幹

主要参考文献（日本語訳のあるものは、日本語版のみ示した）

日本語文献

尹景徹『分断後の韓国政治：一九四五〜一九八六年』木鐸社、一九八六年
尹昶重『金泳三大統領と青瓦台の人々』平井久志訳、中央公論社、一九九五年
金泳三『金泳三回顧録』第一巻、第二巻、第三巻、尹今連監訳、九州通訳ガイド協会、二〇〇二年
金泳三『新韓国の創造』姜尚求訳、東洋経済新報社、一九九四年
金大中『金大中自伝　わが人生わが道　増補　いくたびか死線を越えて』金淳鎬訳、千早書房、二〇〇〇年
金大中『独裁と私の闘争　韓国野党前大統領候補の記録』光和堂、一九七三年
金大中『わたしの自叙伝　日本へのメッセージ　増補版』NHK取材班編・訳、NHK出版、一九九八年
千金成『人間・全斗煥　ポテト畑から青瓦台へ』秋聖七訳、ハイライフ出版、一九八一年
趙甲済『韓国を震撼させた十一日間』黄珉基訳、JICC出版局、一九八七年
趙甲済『朴正熙：韓国近代革命家の実像』永守良孝訳、亜紀書房、一九九一年
古野喜政『金大中事件の政治決着：主権放棄した日本政府』東方出版、二〇〇七年

村田晃嗣『大統領の挫折：カーター政権の在韓米軍撤退政策』有斐閣、一九九八年
李敬南『盧泰愚：壁を越えて―和合と前進』姜尚求訳、冬樹社、一九八八年
李祥雨『朴正熙時代　その権力の内幕』藤田明・清田治史訳、朝日新聞社、一九八八年
李明博『都市伝説　ソウル大改造』屋良朝建訳、マネジメント社、二〇〇七年
李和馥『すべては夜明け前から始まる　大韓民国CEO実用主義の大統領：李明博の心の軌跡』金居修省訳、理論社、二〇〇八年
盧武鉉編『韓国の希望　盧武鉉の夢』青柳純一訳、現代書館、二〇〇三年

韓国語文献

韓國言論財團 http://www.kinds.or.kr（最終確認二〇〇八年七月一五日）
國會會議錄시스템 http://likms.assembly.go.kr/record/index.html（最終確認二〇〇八年七月一五日）
中央選擧管理委員會：歷代選擧情報시스템 http://www.nec.go.kr/sinfo/intro.html（最終確認二〇〇八年七月一五日）
『朝鮮日報』
『東亞日報』
『世界日報』

『人物界』正論社、一九五五年〜
『新東亞』東亞日報、一九三一年〜
公報處編『大統領 李承晩博士談話集』公報處、一九五三年
公報室編『大統領 李承晩博士談話集』第二輯、公報室、一九五六年
公報室編『大統領 李承晩博士談話集』第三輯、公報室、一九五九年
國史編纂委員會編『資料：大韓民國史』一〜二〇、國史編纂委員會、一九七〇年〜
國政弘報處國立影像刊行物製作編『盧武鉉大統領 演說文集』一〜二、大統領秘書室、二〇〇四年〜
國會事務處編『第二代 國會經過報告書』國會事務處、一九八二年
金起八編『第三共和國의 終末：朴正熙와 金泳三』대우문화사、一九八五年
金泳三『金泳三 大統領 回顧錄』上・下、朝鮮日報社、二〇〇一年
金榮秀『韓國憲法史』學文社、二〇〇一年
盧武鉉『여보、나 좀 도와줘：노무현 고백 에세이』새터、二〇〇五年
（本文では、『おまえ、ちょっと助けてくれ』と表記）
大統領公報秘書官室『朴正熙大統領演說文集』第一輯〜第一〇輯、一九六五年
大統領秘書室編『金大中大統領演說文集』第一卷〜第五卷、大統領秘書室、一九九九年〜
大統領秘書室編『金泳三大統領演說文集』第一卷〜第五卷、大統領秘書室、一九九四年〜

主要参考文献

大統領秘書室編『全斗煥大統領演説文集』第一輯〜第七輯、一九八〇年〜
大韓民國選擧史編纂委員會編『大韓民國選擧史』第三輯、中央選擧管理委員會、一九八〇年
大韓民國選擧史編纂委員會編『大韓民國選擧史』第一輯〜第二輯、中央選擧管理委員會、一九八一年
大韓民國選擧史編纂委員會編『大韓民國政黨史』第一輯〜第三輯、中央選擧管理委員會、一九七三年〜
朴容萬『景武臺秘話』三國文化社、一九六五年
白南柱『韓國 政界 七人傳』韓國文化社、一九六二年
신동호『人物로 보는 오늘의 韓國政治와 六・三世代』예문、一九九五年
元容奭『韓日會談 十四年』三和出版社、一九六五年
유영익編『李承晩 研究：獨立運動과 大韓民國 建國』延世大學校 出版部、二〇〇〇年
六三同志會『六・三學生運動史』歴史批評社、二〇〇一年
(本文では『六・三学生運動史』と表記)
尹潽善『尹潽善 回顧錄：외로운 선택의 나날』東亞日報社、一九九一年
(本文では『孤独な選択の日々』と表記)
尹潽善『救國의 가시밭길：나의 回顧錄』韓國政經社、一九六七年
李萬烈編『韓國史年表』역민사、一九八五年
李明博『神話는 없다』김영사、一九九五年
(本文では『神話はない』と表記)

이한우『巨大한 生涯：李承晩 九〇年』上～下、朝鮮日報社、一九九五年
（本文では『李承晩 九〇年』と表記）
이호『小説 李明博』성림、二〇〇八年
（本文では『小説 李明博』と表記）
李澣斗『維新共和國의 没落』梅山出版社、一九八六年
張炳惠、張炳初編『大韓民國建國과 나：滄浪張澤相自敍傳』滄浪張澤相記念事業會、一九九二年
鄭在景『朴正熙 實記：行蹟抄錄』集文堂、一九九四年
鄭在景『朴正熙思想序說：揮毫를 중심으로』集文堂、一九九一年
정운현『實錄 軍人 朴正熙』개마고원、二〇〇四年
朝鮮日報社編『秘録韓國의 大統領』朝鮮日報社、一九八〇年
韓國精神文化研究院『韓國史年表』동방미디어、二〇〇四年
希望出版社編輯部編『事實의 全部를 記述한다：歷代主役들이 實吐한 未公開政治裏面秘史』希望出版社編輯部、一九六六年

筆者関係

木村幹『民主化の韓国政治：朴正熙と野党政治家たち1961～1979』名古屋大学出版会、二〇〇八年
木村幹『韓国における「権威主義的」体制の成立：李承晩政権の崩壊まで』ミネルヴァ書房、二〇〇三年

主要図版一覧

『秘録韓國의 大統領』朝鮮日報社編（朝鮮日報社、1980年） 13p, 177p
『내 一生 祖國과 民族을 僞하여』(도서출판 형선、1999年） 21p, 167p
『체험기와 특종사진：韓國現代史119事件寫眞』(朝鮮日報社、1993年） 29p，67p，85p，111p，159p，163p，164p，201p下，203p
『金泳三回顧録』第一巻、第二巻　金泳三（九州通訳ガイド協会、2001年） 41p，80p，142p，155p，191p，192p
『わたしの自叙伝　増補版』金大中（日本放送出版協会、1998年） 43p，77p
『사진과 그림으로 보는 한국 현대사』서중석（웅진씽크빅、2005年） 62p，72p，88p，92p，99p，150p，179p
『趙炳玉：나의 回顧録』趙炳玉（해동、1986年） 81p
『萬年野人　柳珍山總裁　黨・議會發言史』下、柳世烈・金泰浩編（史草、1984年）87p
『大事件의 內幕』呉蘇白（韓國弘報研究所、1982年） 94p
『すべては夜明け前から始まる』李和馥（現文メディア、2008年） 108p
『寫眞으로 보는 光復30年史: 1945년-1974년』正音社 編輯部編（正音社、1975年） 132p，134p
『세계의 자도자 김대중』노옴 골드스틴 著、이준구 譯（어문각、2000年） 144p，184p

共同通信社、聯合通信、読売新聞社

韓国政党変遷図

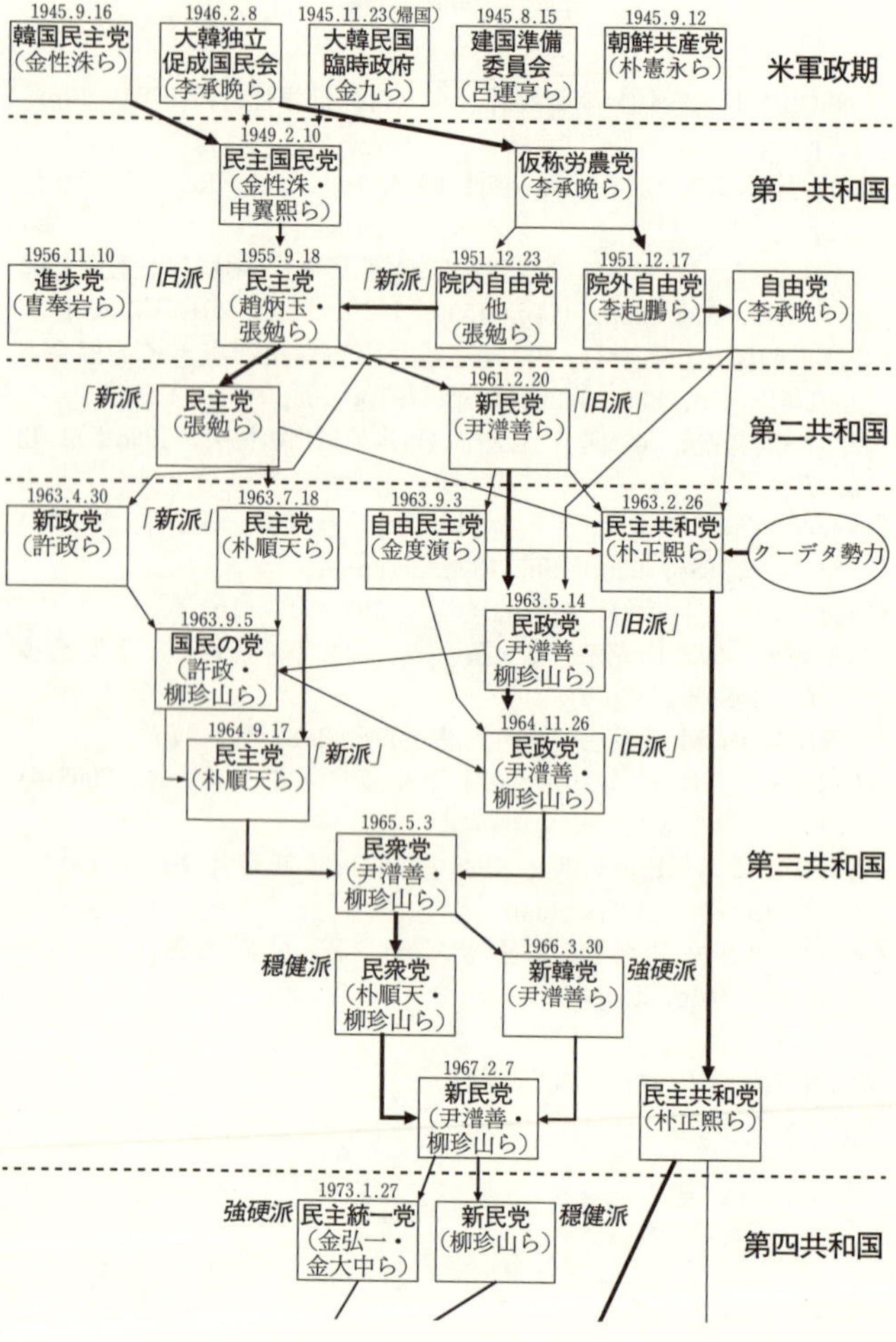

1945.9.16
韓国民主党
(金性洙ら)
1946.2.8
大韓独立
促成国民会
(李承晩ら)
1945.11.23(帰国)
大韓民国
臨時政府
(金九ら)
1945.8.15
建国準備
委員会
(呂運亨ら)
1945.9.12
朝鮮共産党
(朴憲永ら)
米軍政期
1949.2.10
民主国民党
(金性洙・
申翼熙ら)
仮称労農党
(李承晩ら)
第一共和国
1956.11.10
進歩党
(曺奉岩ら)
「旧派」
1955.9.18
民主党
(趙炳玉・
張勉ら)
「新派」
1951.12.23
院内自由党
他
(張勉ら)
1951.12.17
院外自由党
(李起鵬ら)
自由党
(李承晩ら)
「新派」
民主党
(張勉ら)
1961.2.20
新民党
(尹潽善ら)
「旧派」
第二共和国
1963.4.30
新政党
(許政ら)
「新派」
1963.7.18
民主党
(朴順天ら)
1963.9.3
自由民主党
(金度演ら)
1963.2.26
民主共和党
(朴正熙ら)
クーデタ勢力
1963.5.14
民政党
(尹潽善・
柳珍山ら)
「旧派」
1963.9.5
国民の党
(許政・
柳珍山ら)
1964.9.17
民主党
(朴順天ら)
「新派」
1964.11.26
民政党
(尹潽善・
柳珍山ら)
「旧派」
1965.5.3
民衆党
(尹潽善・
柳珍山ら)
第三共和国
穏健派
民衆党
(朴順天・
柳珍山ら)
1966.3.30
新韓党
(尹潽善ら)
強硬派
1967.2.7
新民党
(尹潽善・
柳珍山ら)
民主共和党
(朴正熙ら)
1973.1.27
強硬派
民主統一党
(金弘一・
金大中ら)
新民党
(柳珍山ら)
穏健派
第四共和国

韓国政党変遷図

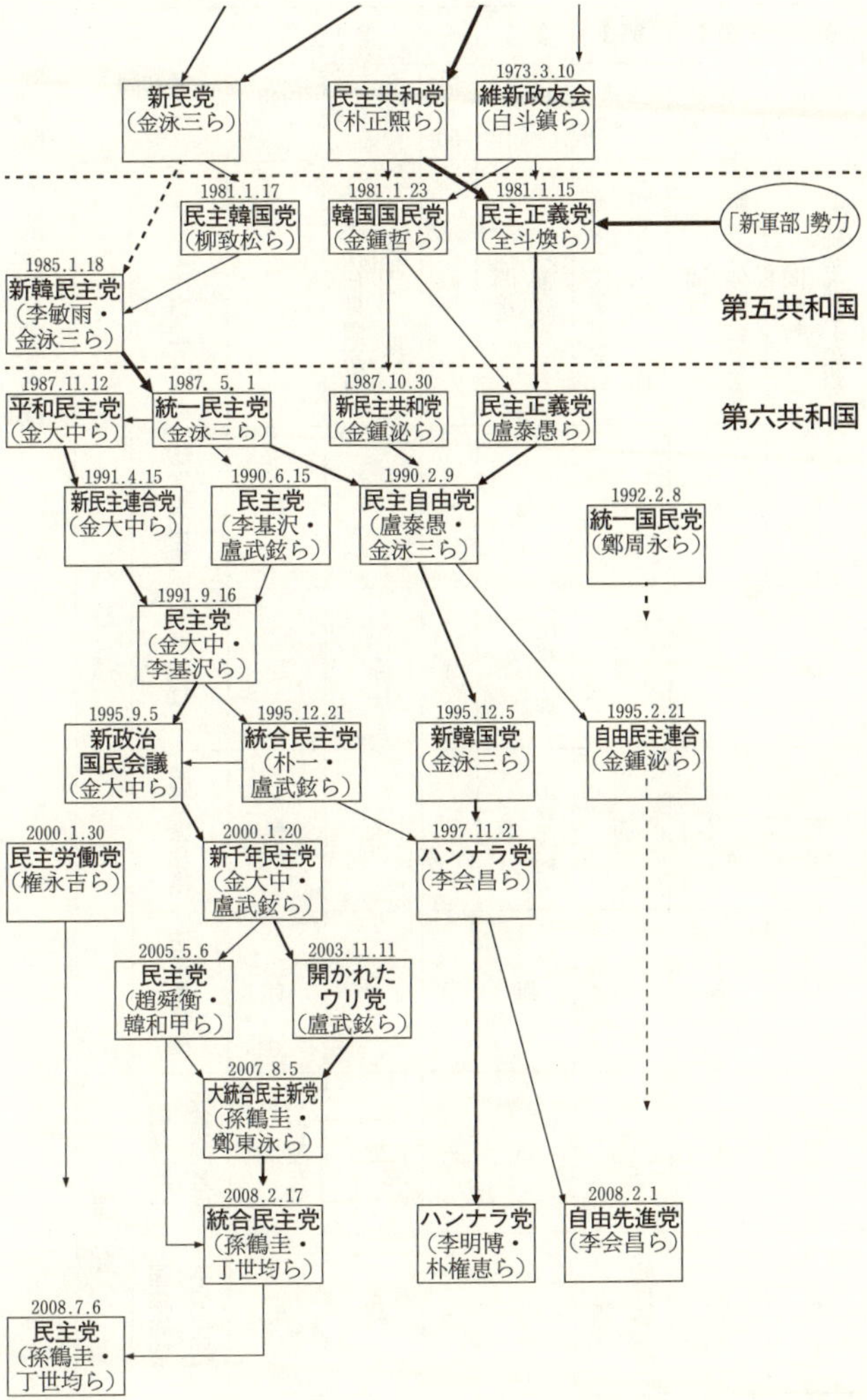
新民党
（金泳三ら）
民主共和党
（朴正熙ら）
1973.3.10
維新政友会
（白斗鎮ら）
1981.1.17
民主韓国党
（柳致松ら）
1981.1.23
韓国国民党
（金鍾哲ら）
1981.1.15
民主正義党
（全斗煥ら）
「新軍部」勢力
1985.1.18
新韓民主党
（李敏雨・
金泳三ら）
第五共和国
1987.11.12
平和民主党
（金大中ら）
1987. 5. 1
統一民主党
（金泳三ら）
1987.10.30
新民主共和党
（金鍾泌ら）
民主正義党
（盧泰愚ら）
第六共和国
1991.4.15
新民主連合党
（金大中ら）
1990.6.15
民主党
（李基沢・
盧武鉉ら）
1990.2.9
民主自由党
（盧泰愚・
金泳三ら）
1992.2.8
統一国民党
（鄭周永ら）
1991.9.16
民主党
（金大中・
李基沢ら）
1995.9.5
新政治
国民会議
（金大中ら）
1995.12.21
統合民主党
（朴一・
盧武鉉ら）
1995.12.5
新韓国党
（金泳三ら）
1995.2.21
自由民主連合
（金鍾泌ら）
2000.1.30
民主労働党
（権永吉ら）
2000.1.20
新千年民主党
（金大中・
盧武鉉ら）
1997.11.21
ハンナラ党
（李会昌ら）
2005.5.6
民主党
（趙舜衡・
韓和甲ら）
2003.11.11
開かれた
ウリ党
（盧武鉉ら）
2007.8.5
大統合民主新党
（孫鶴圭・
鄭東泳ら）
2008.2.17
統合民主党
（孫鶴圭・
丁世均ら）
ハンナラ党
（李明博・
朴槿恵ら）
2008.2.1
自由先進党
（李会昌ら）
2008.7.6
民主党
（孫鶴圭・
丁世均ら）

◎韓国の憲法制度変遷

共和国		第1			第2	第3	第4	第5
		1948〜52	52〜54	54〜60	1960〜61	1963〜72	1972〜80	1980〜87
大統領	選出方法	間接	直接・任期限定有（四年・二期）	直接	間接（議会）	直接・任期限定有（四年・二期→三期）	間接（統一主体国民会議）	間接（大統領選挙人団）
	議案提出権	有	有	有	有	有	有	有
	解散権	無	無	無	有（国務総理）	無	有	有
	国家緊急権	有	有	有	有（国務総理）	有	有	有
	法案拒否権	有	有	有	無	有	有	有
国会	国務総理任命同意権	要（署理有）	要	—	要	不要	要	要
	国務総理不信任権	無	無	—	有	無（解任建議）	有	有

第6	1987～	直接・任期限定有（五年・一期）	有	無	有	有	要（署理有）	無（解任建議）

註・第三共和国は一九六九年に大統領の最大再選を二選から三選に延長。第四、第五共和国の選出方法の（　）内は選出機関。解散権、国家緊急権の（　）内は同権限の保有者。国務総理任命同意権の（署理有）は、「国務総理署理（代理）」の任命があったこと、国務総理不信任権の（解任建議）は大統領への同建議が可能であることを示す

韓国大統領選挙候補者得票

（直接選挙における主要候補者のみ）

第2代大統領選挙（1952.8.5）

候補者名	曺奉岩	李承晩	李始栄	
政党名	無所属	自由党	無所属	総投票者数
票数	797,504	5,238,769	764,715	7,275,883
得票率	11.0%	72.0%	10.5%	

第3代大統領選挙（1956.5.15）

候補者名	曺奉岩	李承晩		
政党名	無所属	自由党	無効	総投票者数
票数	2,163,808	5,046,437	1,856,818	9,067,063
得票率	23.9%	55.7%	20.5%	

第4代大統領選挙（1960.3.15）

候補者名	李承晩		
政党名	自由党	無効	総投票者数
票数	9,633,376	1,228,896	10,862,272
得票率	88.7%	11.3%	

第5代大統領選挙（1963.10.15）

候補者名	朴正熙	尹潽善	
政党名	民主共和党	民政党	総投票者数
票数	4,702,640	4,546,614	11,036,175
得票率	42.6%	41.2%	

第6代大統領選挙（1967.5.3）

候補者名	尹潽善	朴正熙	
政党名	新民党	民主共和党	総投票者数
票数	4,526,541	5,688,666	11,645,215
得票率	38.9%	48.8%	

韓国大統領選挙候補者得票

第7代大統領選挙(1971.4.27)

候補者名	朴正熙	金大中	
政党名	民主共和党	新民党	総投票者数
票数	6,342,828	5,395,900	12,417,816
得票率	51.1%	43.5%	

第13代大統領選挙(1987.12.16)

候補者名	盧泰愚	金泳三	金大中	金鍾泌	
政党名	民主正義党	統一民主党	平和民主党	新民主共和党	総投票者数
票数	8,282,738	6,337,581	6,113,375	1,823,067	23,066,419
得票率	35.9%	27.5%	26.5%	7.9%	

第14代大統領選挙 (1992.12.18)

候補者名	金泳三	金大中	鄭周永	
政党名	民主自由党	民主党	統一国民党	総投票者数
票数	9,977,332	8,041,284	3,880,067	24,095,170
得票率	41.4%	33.4%	16.1%	

第15代大統領選挙(1997.12.18)

候補者名	李会昌	金大中	李仁済	
政党名	ハンナラ党	新政治国民会議	国民新党	総投票者数
票数	9,935,718	10,326,275	4,925,591	26,042,633
得票率	38.2%	39.7%	18.9%	

第16代大統領選挙 (2002.12.19)

候補者名	李会昌	盧武鉉	権永吉	
政党名	ハンナラ党	民主党	民主労働党	総投票者数
票数	11,443,297	12,014,277	957,148	24,784,963
得票率	46.2%	48.5%	3.9%	

第17代大統領選挙 (2007.12.19)

候補者名	鄭東泳	李明博	文国鉉	李会昌	
政党名	大統合民主新党	ハンナラ党	創造韓国党	無所属	総投票者数
票数	6,174,681	11,492,389	1,375,498	3,559,963	23,732,854
得票率	26.0%	48.4%	5.8%	15.0%	

韓国現代史関連年表

◎解放前

年	月	日	出来事
1875	3	26	李承晩、黄海道平山に生まれる
1897	8	26	尹潽善、忠清道牙山に生まれる
1899	1	9	李承晩、投獄
1903			尹潽善、校洞普通学校入学
1904	8	9	李承晩、出獄。高宗の密使として渡米
1905	11	17	第二次日韓協約調印（韓国外交権喪失）
1910	8	29	韓国併合
1917	11	14	朴正熙、慶尚北道亀尾に生まれる
1917			尹潽善、上海に渡る
1919	3	1	三一運動
1919			尹潽善、大韓民国臨時政府議政院議員
1921	6		尹潽善、上海を離れる
1924	1	6	金大中、全羅南道荷衣島に生まれる
1928	12	20	金泳三、慶尚南道巨済島に生まれる
1932	4	1	朴正熙、大邱師範学校入学
1932			尹潽善、帰国
1937	4	1	朴正熙、聞慶普通学校赴任
1939	4	1	金大中、木浦商業学校入学
1940	4	1	朴正熙、満州帝国陸軍軍官学校入学
1941	12	19	李明博、大阪府中河内郡に生まれる
1942	4	1	朴正熙、日本陸軍士官学校入学
1944	4	8	金泳三、統営中学入学

◎解放後

年月日	体制	大統領	出来事
1945 8・15	米軍政期		日本無条件降伏
8・15			朝鮮建国準備委員会発足
8・29			朴正煕ら、北京着
9・4			尹潽善ら、韓国国民党結成
9・6			朝鮮人民共和国樹立
9・7			米極東軍司令部、朝鮮半島南半に軍政宣布
9・16			韓国民主党結成
10・4			尹潽善、米軍政府農商局顧問任命
10・10			米軍政府、朝鮮人民共和国否認声明
10・16			李承晩帰国
10・25			李承晩、独立促成中央協議会結成
11・3			李承晩と朝鮮共産党対立関係に
11・23			金九ら、大韓民国臨時政府要人帰国
11			李明博、帰国
12・27			モスクワでの米英ソ三国外相会議で朝鮮半島信託統治実施発表
1946 1・2			朝鮮共産党、信託統治支持宣言

年月日	体制	大統領	出来事
2・8	米軍政期		李承晩、大韓独立促成国民会結成
5・1			朝鮮警備士官学校開校
5・8			朴正煕、帰国
9			朴正煕、朝鮮警備士官学校入学
9・1			盧武鉉、慶尚南道金海に生まれる
10・1			大邱で暴動発生（翌日戒厳令宣布）
12・14			朴正煕、朝鮮警備士官学校卒業
1947 7・19			呂運亨暗殺
8			金泳三、政府樹立記念弁論大会にて、外務部長官賞
10・1			金泳三、ソウル大学入学
12・22			金九、朝鮮半島南半における単独政府樹立反対声明を発表
1948 5・10			制憲議会選挙。李承晩当選、尹潽善落選
5			金大中、木浦商船設立
7・12			第一共和国憲法案、国会通過
7・20			制憲議会、大統領・李承晩、副大統領・

	李始栄選出
8・15	大韓民国独立
9・5	朝鮮警備士官学校、陸軍士官学校に
10・19	麗水・順天で軍隊反乱事件
11・11	朴正煕、逮捕
12・15	尹潽善、ソウル市長就任
1949	
6・6	尹潽善、商工部長官就任
6・26	金九暗殺
6・26	米軍撤退完了
12・24	大韓国民党結成
1950	
5・9	尹潽善、商工部長官辞任
5・30	第二代国会議員選挙。与党・大韓国民党、野党・民主国民党ともに惨敗
5	金泳三、張沢相の選挙活動を手伝う
6・25	朝鮮戦争勃発
6・27	米軍参戦
6・28	ソウル陥落
7・14	朴正煕、現役復帰
9・15	米軍、仁川上陸作戦
9・26	ソウル奪還
10・3	韓国軍、38度線を突破
10・25	中国軍参戦
10	金大中、『木浦日報』買収
10	金大中、海上防衛隊全羅道地区副司令官就任

第1共和国

李承晩

11	尹潽善、大韓赤十字社総裁就任
1951	
5	金大中、大洋造船会社設立
10・20	日韓会談予備交渉開始
11・19	自由党結成
1952	
1・18	李承晩、「平和線」（李承晩ライン）宣布
5・25	慶尚南道、全羅南北道に戒厳令宣布
5・26	政府、野党議員50余名連行。釜山政治波動
7・4	抜粋改憲。大統領間接選挙制から直接選挙制へ
8・5	第二代大統領選挙（初の大統領直接選挙）。当選者、大統領・李承晩、副大統領・咸台永
9・2	尹潽善、大韓赤十字社総裁辞任
1953	
7・27	朝鮮戦争休戦協定調印
1954	
5・20	第三代国会議員選挙。与党・自由党安定多数獲得。尹潽善、金泳三初当選。
	金大中落選
11・29	四捨五入改憲。初代大統領に限り重任制限撤廃

第1共和国

李承晩

年	月・日	事項	政体	大統領
1955	9・18	民主党結成	第1共和国	李承晩
1956	5・5	民主党大統領候補・申翼煕、遊説中に急死	第1共和国	李承晩
	5・15	第三代大統領選挙。当選者、大統領・李承晩、副大統領・張勉	第1共和国	李承晩
1958	5・2	第四代国会議員選挙。民主党七九議席に躍進。尹潽善当選、金泳三、釜山市西区から立候補し落選	第1共和国	李承晩
1960	2・15	民主党大統領候補・趙炳玉、アメリカで急死	第1共和国	李承晩
	2・28	大邱民主運動	第1共和国	李承晩
	3・15	第四代大統領選挙。大規模な不正選挙行われる。当選者、大統領・李承晩、副大統領・李起鵬。第一次馬山義挙	第1共和国	李承晩
	4・19	大学生を中心とするデモ隊に対する発砲事件	第1共和国	李承晩
	4・27	李承晩、大統領辞任	第1共和国	（許政）
	5・28	李承晩、ハワイに亡命	第1共和国	（許政）
	6・15	第二共和国憲法成立	第2共和国	（許政）
	7・29	第五代国会議員選挙。民主党圧倒的多数を獲得。尹潽善、金泳三当選。金大中落選	第2共和国	（許政）
	8・12	尹潽善、国会による間接選挙で大統領就任		尹潽善
	8・23	張勉、国務総理就任		尹潽善
	9・10	朴正煕ら、「忠武荘決議」		尹潽善
1961	2・20	民主党分裂。旧派、新民党を結成		尹潽善
	5・13	金大中、補欠選挙にて国会議員初当選		尹潽善
	5・16	五・一六クーデタ。朴正煕ら実権掌握。国会解散	（軍政期）	尹潽善
1962	3・13	政治活動浄化法公布	（軍政期）	尹潽善
	3・22	尹潽善、大統領下野声明	（軍政期）	（朴正煕）
	5・20	金大中、逮捕	（軍政期）	（朴正煕）
	12・11	金・大平メモ合意	（軍政期）	（朴正煕）
	12・17	第三共和国憲法、国民投票にて成立	（軍政期）	（朴正煕）
	12・27	朴正煕、民政移譲手続き発表	（軍政期）	（朴正煕）
1963	2・1	金泳三、政治活動解禁	（軍政期）	（朴正煕）
	2・26	民主共和党結成	（軍政期）	（朴正煕）
	2・27	金大中、政治活動解禁	（軍政期）	（朴正煕）
	3・16	朴正煕、軍政延長発表	（軍政期）	（朴正煕）
	3・22	金泳三、逮捕	（軍政期）	（朴正煕）
	4・8	朴正煕、軍政延長を撤回	（軍政期）	（朴正煕）
	5・14	民政党結成	（軍政期）	（朴正煕）
	7・18	民主党結成	（軍政期）	（朴正煕）
	9・3	自由民主党結成	（軍政期）	（朴正煕）

年	月日	事項
	10・15	第六代大統領選挙。朴正熙一五万票の僅差で尹潽善に勝利
	11・25	第六代国会議員選挙。民主共和党、安定多数獲得
1964	1・10	朴正熙、年頭教書演説にて、日韓国交正常化の意思を明らかに
	2・10	民政党、日韓国交正常化に反対する声明文発表
	4	李明博ら学生代表、朴正熙大統領と面談
	6・3	日韓国交正常化反対デモの激化により、ソウル市内に戒厳令宣布
1965	5・3	民衆党結成。野党統合
	7・19	李承晩、ハワイにて死去。九〇歳
	7・28	尹潽善、国会議員辞職
	8・14	日韓基本条約、国会にて批准される
	10・12	金泳三、最年少で院内総務選出
	10・14	民衆党、国会審議復帰
1966	3・30	尹潽善ら、新韓党結成
1967	2・7	新民党結成。野党統合
	5・3	第六代大統領選挙。朴正熙一〇〇万票以上の大差で尹潽善に勝利

第3共和国

朴正熙

年	月日	事項
	6・8	第七代国会議員選挙。民主共和党安定多数獲得
1969	10・17	憲法改正にかかわる国民投票実施。大統領の再選制限を二選から三選に
	11・8	金泳三、大統領候補立候補を宣言
1970	9・29	新民党党大会で大統領候補に金大中選出
1971	1・6	国民党結成
	3・27	米第七歩兵師団、韓国より撤退
	4・29	第七代大統領選挙。朴正熙、金大中に勝利
	5・25	金大中に対する交通事故を装った暗殺未遂事件
	5・25	第八代国会議員選挙。新民党、改憲阻止線を越える八九議席を獲得
	7・15	米ニクソン大統領、中国訪問発表
	10・15	ソウル市内に衛戍令発令
	12・6	朴正熙、国家非常事態宣言発令
1972	7・4	南北共同声明
	10・17	維新クーデタ。国会解散、第三共和国憲法一部停止
	11・21	第四共和国憲法にかかわる国民投票実

第3共和国

朴正熙

韓国現代史関連年表

施

第4共和国　朴正煕

年	月・日	事項
	12・23	統一主体国民会議、朴正煕大統領選出
1973	2・27	第九代国会議員選挙
	8・8	金大中拉致事件
	11・2	金鍾泌総理、金大中拉致事件について田中首相に謝罪
1974	4・28	柳珍山死去。野党の世代交代加速
	8・15	朴正煕暗殺未遂。陸英修被殺
	8・23	金泳三、「鮮明闘争」路線を掲げて、新民党総裁就任
	11・27	金泳三ら、民主回復国民会議発足
1975		盧武鉉、司法試験合格
1976	3・1	金大中ら、民主救国宣言発表
	9・16	新民党全党大会。代表最高委員に李哲承
1978	2・24	尹潽善ら、三一民主救国宣言発表
	5	盧武鉉、弁護士開業
	7・6	統一主体国民会議、朴正煕大統領選出
	12・12	第一〇代国会議員選挙。新民党、民主共和党の得票率を上回る

第4共和国　(崔圭夏)　崔圭夏

年	月・日	事項
1979	5・30	金泳三、李哲承を押さえて、新民党総裁復帰
	10・4	国会、金泳三除名決定
	10・18	釜山に戒厳令宣布（釜馬抗争開始）
	10・20	馬山・昌原に衛戍令宣布
	10	李明博、朴正煕に謁見
	10・26	朴正煕、金載圭中央情報部長に暗殺される
	12・6	統一主体国民会議、崔圭夏大統領選出
	12・12	粛軍クーデタ勃発。鄭昇和戒厳司令官逮捕
1980	1・25	金泳三新民党総裁、年頭記者会見
	2・29	金大中、尹潽善らに対する復権措置
	4・7	金大中、新民党への入党を拒否
	5・17	非常戒厳令、全国に拡大。金大中、金鍾泌、李厚洛ら逮捕
	5・18	光州事件勃発
	5・20	金泳三第一次軟禁開始
	8・27	統一主体国民会議、全斗煥大統領選出
	10・22	第五共和国憲法公布。国会、政党解散される
1981	1・15	民主正義党結成
	1・17	民主韓国党結成
	1・18	金大中、減刑嘆願書提出

1・23	第5共和国	全斗煥	韓国国民党結成
1・23			金大中、内乱陰謀事件関与による死刑判決。即日、無期に減刑
2・25			大統領選挙人団、全斗煥大統領選出
3・25			第一一代国会議員選挙
7			釜林事件勃発。盧武鉉、弁護に参加
1982 3・18			釜山アメリカ文化院放火事件。盧武鉉、弁護に参与
5・31			金泳三第二次軟禁開始
12・23			金大中、アメリカに出国
1983 5・18			金泳三、断食闘争開始
1984 5・18			民主化推進協議会発足
1985 1・18			新韓民主党発足
2・8			金大中、強行帰国
2・12			第一二代国会議員選挙。新韓民主党、野党第一党に躍進
3・18			金大中、民主化推進協議会、共同議長に正式就任
1986 10・28			建国大学事件
1987 4・13			全斗煥、特別談話で改憲論議留保、大統領選挙年内実施などを発表
5・1			統一民主党結成。総裁・金泳三
6・29			盧泰愚民正党代表委員、六・二九宣言
7・10			金大中ら、時局事犯二三三五名赦免・復権
8・5			盧泰愚、民正党総裁就任
10・20			統一民主党、大統領候補単一化失敗
10・27			第六共和国憲法にかかわる国民投票。大統領直接選挙制へ
11・9	第6共和国		統一民主党、大統領候補に金泳三選出
11・12			平和民主党結成、大統領候補に金大中選出
12・16			第一三代大統領選挙、盧泰愚当選
1988 4・26		盧泰愚	第一三代国会議員選挙。民主正義党過半数獲得失敗。政党の地域割拠状況明確化。盧武鉉、初当選
11・7			国会での、「第五共和国」下の不正にかかわる聴聞会開始。盧武鉉「聴聞会スター」に
1990 1・22			民主正義党、統一民主党、新民主共和党、三党合同を宣言
2・9			民主自由党結成
6・15			李基沢、盧武鉉ら民主党結成
7・18			尹潽善死去。九二歳

第6共和国

盧泰愚

年	月日	事項
1991	9・16	民主党、新民主連合党に合流。党名は民主党
1992	2・8	鄭周永ら、統一国民党結成
	3・24	第一四代国会議員選挙。民主自由党議席を大幅に減らす。李明博全国区から初当選。盧武鉉落選
	12・18	第一四代大統領選挙。金泳三当選
	12・19	金大中政界引退を宣言

金泳三

年	月日	事項
1994	1・5	金大中、アジア・太平洋平和財団設立。事実上の政治活動再開
	7・8	金日成死去
1995	2・21	自由民主連合結成。総裁・金鍾泌
	5・12	李明博、民主自由党、ソウル市長予備選挙で鄭元植に敗れる
	6・27	第一回全国道・市地方選挙。盧武鉉、釜山市長選挙に立候補し落選
	7・18	金大中政界復帰を公式宣言
	9・5	新政治国民会議結成。総裁・金大中
	12・5	民主自由党、新韓国党に党名変更。
	12・21	民主党残留派、統合民主党を結成
1996	4・11	第一五代国会議員選挙。新韓国党善戦。

第6共和国

金泳三

年	月日	事項
		李明博、ソウル市鍾路区において盧武鉉らを破って当選
	10・9	李明博、選挙法等違反で在宅起訴
1997	1・25	韓宝グループ破綻。韓国経済危機はじまる
	11・3	金大中、金鍾泌との間に野党候補一本化
	11・21	新韓国党、統合民主党を吸収し、ハンナラ党に
	12・18	第一五代大統領選挙。金大中、僅差で李会昌を抑える

金大中

年	月日	事項
1998	2・21	李明博、国会議員辞職。ソウル市長選挙立候補を表明
	4・28	李明博、控訴審で有罪判決。ソウル市長選挙立候補断念
	6・4	第二回全国道・市地方選挙
	7・21	盧武鉉、補欠選挙にて当選
1999	7・7	李明博に対する判決確定。罰金四〇〇万ウォン
2000	4・13	第一六代国会議員選挙。盧武鉉落選
	5・17	「盧武鉉を愛する会」（略称ノサモ）公式ホームページ開設

年月日	政体	大統領	事項
6・13	第6共和国		第一回南北首脳会談
8・15			李明博、公民権回復
2002 5・31			ワールドカップサッカー日韓大会開幕
6・13			第三回全国道・市地方選挙。李明博、ソウル市長当選
6・13			議政府米軍装甲車女子中学生轢死事件発生
12・19			第一六代大統領選挙。盧武鉉当選
2003 7・1			清渓川復元工事着工
11・11			開かれたウリ党、結成
2004 3・12		盧武鉉	国会、盧武鉉大統領弾劾訴追決議
5・14			憲法裁判所、国会による弾劾訴追に対し、無効判決
2006 2・20			ハンナラ党、自由民主連合を吸収
10・9			北朝鮮、核実験
2007 2・13			米韓両国、戦時作戦統制権返還で合意
4・2			米韓自由貿易協定交渉妥結
12・19			第一七代大統領選挙。李明博当選
2008 2・25			李明博、大統領就任

木村 幹（きむら・かん）

1966（昭和41）年大阪府河内市（現・東大阪市）に生まれる．92年京都大学大学院法学研究科修士課程修了．愛媛大学法文学部助手，講師，神戸大学大学院国際協力研究科助教授を経て，現在，同教授．この間，韓国国際交流財団研究フェロー，ハーヴァード大学，高麗大学，世宗研究所，オーストラリア国立大学客員研究員．専攻，比較政治学，朝鮮半島地域研究．

著書『朝鮮／韓国ナショナリズムと「小国」意識』（ミネルヴァ書房，2000年，アジア・太平洋特別賞）
『韓国における「権威主義的」体制の成立』（ミネルヴァ書房，2003年，サントリー学芸賞）
『朝鮮半島をどう見るか』（集英社新書，2004年）
『高宗・閔妃』（ミネルヴァ書房，2007年）
『民主化の韓国政治』（名古屋大学出版会，2008年）
『近代韓国のナショナリズム』（ナカニシヤ出版，2009年）
『日韓歴史認識問題とは何か』（ミネルヴァ書房，2014年，読売・吉野作造賞）
など

韓国現代史《かんこくげんだいし》
中公新書 *1959*

2008年 8 月25日初版
2019年10月15日 4 版

著 者 木村 幹
発行者 松田陽三

本文印刷 暁 印 刷
カバー印刷 大熊整美堂
製 本 小泉製本

発行所 中央公論新社
〒100-8152
東京都千代田区大手町 1-7-1
電話 販売 03-5299-1730
編集 03-5299-1830
URL http://www.chuko.co.jp/

Published by CHUOKORON-SHINSHA, INC.
Printed in Japan ISBN978-4-12-101959-2 C1222

中公新書刊行のことば

いまからちょうど五世紀まえ、グーテンベルクが近代印刷術を発明したとき、書物の大量生産は潜在的可能性を獲得し、いまからちょうど一世紀まえ、世界のおもな文明国で義務教育制度が採用されたとき、書物の大量需要の潜在性が形成された。この二つの潜在性がはげしく現実化したのが現代である。

いまや、書物によって視野を拡大し、変りゆく世界に豊かに対応しようとする強い要求を私たちは抑えることができない。この要求にこたえる義務を、今日の書物は背負っている。だが、その義務は、たんに専門的知識の通俗化をはかることによって果たされるものでもなく、通俗的好奇心にうったえて、いたずらに発行部数の巨大さを誇ることによって果たされるものでもない。現代を真摯に生きようとする読者に、真に知るに価いする知識だけを選びだして提供すること、これが中公新書の最大の目標である。

私たちは、知識として錯覚しているものによってしばしば動かされ、裏切られる。私たちは、作為によってあたえられた知識のうえに生きることがあまりに多く、ゆるぎない事実を通して思索することがあまりにすくない。中公新書が、その一貫した特色として自らに課すものは、この事実のみの持つ無条件の説得力を発揮させることである。現代にあらたな意味を投げかけるべく待機している過去の歴史的事実もまた、中公新書によって数多く発掘されるであろう。

中公新書は、現代を自らの眼で見つめようとする、逞しい知的な読者の活力となることを欲している。

一九六二年一一月

中公新書

日本史

d2

1625 織田信長合戦全録 谷口克広
1907 信長と消えた家臣たち 谷口克広
1453 信長の親衛隊 谷口克広
1782 信長軍の司令官 谷口克広
1809 戦国時代の終焉 齋藤慎一
784 豊臣秀吉 小和田哲男
1015 秀吉の経済感覚 脇田修
642 関ヶ原合戦 二木謙一
1468 支倉常長（はせくら つねなが） 大泉光一
17 徳川家康 北島正元
476 江戸時代 大石慎三郎
870 江戸時代を考える 辻達也
31 江戸の刑罰 石井良助
1227 保科正之（ほしな まさゆき） 中村彰彦
1817 島原の乱 神田千里

740 元禄御畳奉行の日記 神坂次郎
1945 江戸城―本丸御殿と幕府政治 深井雅海
1073 江戸城御庭番 深井雅海
1703 武士と世間 山本博文
883 江戸藩邸物語 氏家幹人
1883 かたき討ち 氏家幹人
1788 御家騒動 福田千鶴
1803 足軽目付犯科帳 高橋義夫
1699 馬琴一家の江戸暮らし 高牧實
1099 江戸文化評判記 中野三敏
1886 写楽 中野三敏
853 遊女の文化史 佐伯順子
1629 逃げる百姓、追う大名 宮崎克則
929 江戸の料理史 原田信男
1525 江戸のオランダ人 片桐一男
1826 江戸人物科学史 金子務
187 悪名の論理 江上照彦

1495 江戸のナポレオン伝説 岩下哲典
1723 大江戸世相夜話 藤田覚
1536 近江商人 末永國紀

日本史

d3

- 1621 吉田松陰　田中　彰
- 1580 安政の大獄　松岡英夫
- 163 大君の使節　芳賀　徹
- 1710 オールコックの江戸　佐野真由子
- 397 徳川慶喜（増補版）　松浦　玲
- 1388 幕末の小笠原　田中弘之
- 1673 幕府歩兵隊　野口武彦
- 1840 長州戦争　野口武彦
- 1666 長州奇兵隊　一坂太郎
- 1285 幕末長州藩の攘夷戦争　古川　薫
- 1619 幕末の会津藩　星　亮一
- 1958 幕末維新と佐賀藩　毛利敏彦
- 1754 幕末歴史散歩　東京篇　一坂太郎
- 1811 幕末歴史散歩　京阪神篇　一坂太郎
- 1693 女たちの幕末京都　辻　ミチ子
- 158 勝　海舟　松浦　玲
- 60 高杉晋作　奈良本辰也
- 69 坂本龍馬　池田敬正
- 1773 新選組　大石　学
- 455 戊辰戦争　佐々木克
- 1554 脱藩大名の戊辰戦争　中村彰彦
- 1235 奥羽越列藩同盟　星　亮一
- 1728 会津落城　星　亮一
- 840 江藤新平（増訂版）　毛利敏彦
- 190 大久保利通　毛利敏彦
- 1033 王政復古　井上　勲
- 1849 明治天皇　笠原英彦
- 1836 華　族　小田部雄次
- 1511 秩禄《ちつろく》処分　落合弘樹
- 561 明治六年政変　毛利敏彦
- 722 福沢諭吉　飯田　鼎
- 1569 福沢諭吉と中江兆民　松永昌三
- 1316 戊辰戦争から西南戦争へ　小島慶三
- 1927 西南戦争　小川原正道
- 1405 『ザ・タイムズ』にみる幕末維新　皆村武一
- 1584 東北―つくられた異境　河西英通
- 1889 続・東北―異境と原境のあいだ　河西英通
- 252 ある明治人の記録　石光真人編著
- 161 秩父事件　井上幸治
- 1792 日露戦争史　横手慎二
- 1445 原敬と山県有朋　川田　稔
- 181 高橋是清　大島　清

中公新書

世界史

e1

- 1353 物語 中国の歴史 寺田隆信
- 1593 よみがえる文字と呪術の帝国 平勢隆郎
- 12 史記 貝塚茂樹
- 1720 司馬遷の旅 藤田勝久
- 1473 漢帝国と辺境社会 籾山明
- 1823 楼蘭王国 赤松明彦
- 1252 古代中国の刑罰 冨谷至
- 1517 古代中国と倭族 鳥越憲三郎
- 7 宦官(かんがん) 三田村泰助
- 99 則天武后 外山軍治
- 15 科挙(かきょ) 宮崎市定
- 1828 チンギス・カン 白石典之
- 1469 紫禁城史話 寺田隆信
- 255 実録 アヘン戦争 陳舜臣
- 1812 西太后(せいたいこう) 加藤徹
- 166 中国列女伝 村松暎
- 1144 台湾 伊藤潔
- 925 物語 韓国史 金両基
- 1372 物語 ヴェトナムの歴史 小倉貞男
- 1913 物語 タイの歴史 柿崎一郎
- 1367 物語 フィリピンの歴史 鈴木静夫
- 1551 海の帝国 白石隆
- 1866 シーア派 桜井啓子
- 1858 中東イスラーム民族史 宮田律
- 1660 物語 イランの歴史 宮田律
- 1818 シュメル―人類最古の文明 小林登志子
- 1594 物語 中東の歴史 牟田口義郎
- 1931 物語 イスラエルの歴史 高橋正男
- 1499 アラビアのロレンスを求めて 牟田口義郎
- 983 古代エジプト 笈川博一

中公新書

世界史

e2

- 1045 物語 イタリアの歴史 藤沢道郎
- 1771 物語 イタリアの歴史 II 藤沢道郎
- 144 ネロ 秀村欣二
- 1100 皇帝たちの都ローマ 青柳正規
- 1730 路地裏のルネサンス 高橋友子
- 1635 物語 スペインの歴史 岩根圀和
- 1750 物語 スペインの歴史 人物篇 岩根圀和
- 1283 西ゴート王国の遺産 鈴木康久
- 1564 物語 カタルーニャの歴史 田澤耕
- 138 ジャンヌ・ダルク 村松剛
- 1032 もうひとつのイギリス史 小池滋
- 1383 イギリス・ルネサンスの女たち 石井美樹子
- 1916 ヴィクトリア女王 君塚直隆
- 1801 物語 大英博物館 出口保夫
- 1215 物語 アイルランドの歴史 波多野裕造
- 1546 物語 スイスの歴史 森田安一
- 1420 物語 ドイツの歴史 阿部謹也
- 1203 都市フランクフルトの歴史 小倉欣一 大澤武男
- 1838 物語 チェコの歴史 薩摩秀登
- 1131 物語 北欧の歴史 武田龍夫
- 1758 物語 バルト三国の歴史 志摩園子
- 1655 物語 ウクライナの歴史 黒川祐次
- 1474 バルチック艦隊 大江志乃夫
- 1042 物語 アメリカの歴史 猿谷要
- 1437 物語 ラテン・アメリカの歴史 増田義郎
- 1935 物語 メキシコの歴史 大垣貴志郎
- 1547 物語 オーストラリアの歴史 竹田いさみ
- 1644 ハワイの歴史と文化 矢口祐人
- 518 刑吏の社会史 阿部謹也
- 30 ユダヤ人 村松剛

中公新書

現代史

f 1

765 日本の参謀本部　大江志乃夫
632 海軍と日本　池田　清
1904 軍　神　山室建徳
881 後藤新平　北岡伸一
377 満州事変　臼井勝美
1138 キメラ―満洲国の肖像（増補版）　山室信一
40 馬　賊　渡辺龍作
1232 軍国日本の興亡　猪木正道
76 二・二六事件（増補改版）　高橋正衛
1951 広田弘毅　服部龍二
1218 日中開戦　北　博昭
1532 新版　日中戦争　臼井勝美
795 南京事件（増補版）　秦　郁彦
84 90 太平洋戦争（上下）　児島　襄
244 248 東京裁判（上下）　児島　襄

1307 日本海軍の終戦工作　纐纈　厚
1459 巣鴨プリズン　小林弘忠
828 清沢《きよさわ》　洌《きよし》（増補版）　北岡伸一
1759 言論統制　佐藤卓己
1711 徳富蘇峰　米原　謙
1808 復興計画　越澤　明
1243 石橋湛山　増田　弘
1574 海の友情　阿川尚之
1875 「国語」の近代史　安田敏朗
1733 民俗学の熱き日々　鶴見太郎
1900 「慰安婦」問題とは何だったのか　大沼保昭
1804 戦後和解　小菅信子
1820 丸山眞男の時代　竹内　洋
1821 安田講堂1968-1969　島　泰三
1464 金（ゴールド）が語る20世紀　鯖田豊之

中公新書

現代史

中公新書

政治・法律

125 法と社会 碧海純一
972 陪審裁判を考える 丸田隆
1721 法科大学院 村上政博
1531 ドキュメント 弁護士 読売新聞社会部
1677 ドキュメント 裁判官 読売新聞社会部
1865 ドキュメント 検察官 読売新聞社会部
1492 少年法 澤登俊雄
1888 性犯罪者から子どもを守る 松井茂記
1504 政策形成の日米比較 小池洋次
819 アメリカン・ロイヤーの誕生 阿川尚之
918 現代政治学の名著 佐々木毅編
1905 日本の統治構造 飯尾潤
1501 日本政治の対立軸 大嶽秀夫
1708 日本型ポピュリズム 大嶽秀夫
1892 小泉政権 内山融

1845 首相支配―日本政治の変貌 竹中治堅
1522 戦後史のなかの日本社会党 原彬久
1797 労働政治 久米郁男
1687 日本の選挙 加藤秀治郎
1577 政治意識図説 松本正生
1674 首相公選を考える 大石眞・久保文明・佐々木毅・山口二郎編著
1179 日本の行政 村松岐夫
1591 税制ウォッチング 石弘光
1739 税の負担はどうなるか 石弘光
1151 都市の論理 藤田弘夫
1461 国土計画を考える 本間義人
721 地政学入門 曽村保信
700 戦略的思考とは何か 岡崎久彦
1143 現代戦争論 加藤朗
1639 テロ―現代暴力論 加藤朗
1601 軍事革命（RMA） 中村好寿
1775 自衛隊の誕生 増田弘